职业院校电子商务专业精品系列课程

新媒体营销

主　编　何　牧
副主编　李　倩　伍佳慧　翁小云
编　者　罗　莹　黄　珊　江宏潮　贺素珍　曾君元　苏艳艳

中国财富出版社

图书在版编目（CIP）数据

新媒体营销／何牧主编．—北京：中国财富出版社，2020.7（2021.7 重印）

（职业院校电子商务专业精品系列课程）

ISBN 978－7－5047－7127－8

Ⅰ.①新… Ⅱ.①何… Ⅲ.①网络营销－高等职业教育－教材 Ⅳ.①F713.365.2

中国版本图书馆 CIP 数据核字（2020）第 016438 号

策划编辑	李彩琴	**责任编辑**	张红燕 王才识		
责任印制	尚立业	**责任校对**	孙丽丽	**责任发行**	董 倩

出版发行	中国财富出版社		
社 址	北京市丰台区南四环西路 188 号 5 区 20 楼	**邮政编码**	100070
电 话	010－52227588 转 2098（发行部）		010－52227588 转 321（总编室）
	010－52227588 转 100（读者服务部）		010－52227588 转 305（质检部）
网 址	http：//www.cfpress.com.cn		
经 销	新华书店		
印 刷	北京九州迅驰传媒文化有限公司		
书 号	ISBN 978－7－5047－7127－8/F·3180		
开 本	787mm×1092mm 1/16	**版 次**	2020 年 7 月第 1 版
印 张	11	**印 次**	2021 年 7 月第 2 次印刷
字 数	241 千字	**定 价**	39.80 元

内容摘要

本书共分八个章节，论述当下新媒体营销趋势及企业对新媒体岗位的人才需求。以理论与实践相结合的方式由浅入深，展开各部分知识内容，主要包括新媒体营销概述、微信公众号、微博营销、直播平台营销、QQ 营销、其他网络新媒体营销方式、常见自媒体平台营销及新媒体舆情管理。

本书以广西当地具有特色优势的区域性产品为例，通过实操与实战，整理出新媒体营销的技巧及步骤。同时，本书侧重实训，帮助学生在学习基础知识之后掌握新媒体营销技能。

本书适合作为中、高职院校市场营销类、电子商务类、商务贸易类等相关专业学生的教材，也适合企事业单位新媒体营销人员阅读参考。

前　言

新媒体相对传统媒体而言，是一种利用数字技术、网络技术、移动技术进行信息传播与分享的新的媒体形态，随着全球信息化不断加强，与之相关的产业制度、政策环境不断稳定，全球新媒体出现了“媒介融合”的新形态。

随着我国经济结构的不断转型优化，新媒体自2004年兴起至今，受到了国家政策的大力支持，连接多行业多领域的发展，已经融入我国社会经济和民众生活的各个方面。在“互联网+”发展模式的推动下，新媒体更是传统企业实现转型升级的关键因素。

新媒体营销便应运而生，企业纷纷通过微信、微博、搜索引擎、App等新媒体渠道营销自己的企业和产品。在这种背景下，新媒体营销人才一下子炙手可热，根据智联招聘网站数据统计，IT、通信、电子、互联网行业新媒体人才需求占比29.84%，商业服务行业新媒体人才需求约为16.66%，文娱行业新媒体人才需求约为10.38%。通过对智联招聘网和前程无忧网新媒体人才需求学历状况调研发现，大多企业愿意选用专科文凭以上的新媒体营销人才。由此可见，新媒体营销人才是多行业共同需求的专业人才，具有很广泛的就业前景。

在此背景下，为满足市场对于新媒体人才的需求，更好地对接企业新媒体人才技能的要求，我们采访众多行业新媒体营销达人、企业专家等，从实际操作入手，编写完成《新媒体营销》教材。

本书贯穿目前新媒体主流营销方式及方法，区别于传统教材，更注重实训内容，通过真实案例操作与实战，能够让学生快速掌握微信公众号、微博、直播、QQ、论坛、问答、自媒体等新媒体平台的操作技能。

编者

2020年6月

目　　录

项目一　新媒体营销概述

任务一　新媒体概述

任务前导

随着互联网的飞速发展，新媒体越来越多地受到人们的关注，成为人们议论的热门话题。那么，什么是新媒体？什么又是新媒体营销？新媒体营销的特点有哪些？下面我们将围绕以上问题，展开新媒体营销概述内容的讲解。

任务实施

新媒体是相对于传统媒体而言的，是继报刊、广播、电视等传统媒体以后发展起来的新型媒体形态，是利用数字技术、网络技术、移动技术，通过互联网、无线通信网、有线网络等渠道以及电脑、手机、数字电视机等终端，向用户提供信息的传播形态和媒体形态，如图 1－1、图 1－2 所示。

图 1－1　传统媒体平台

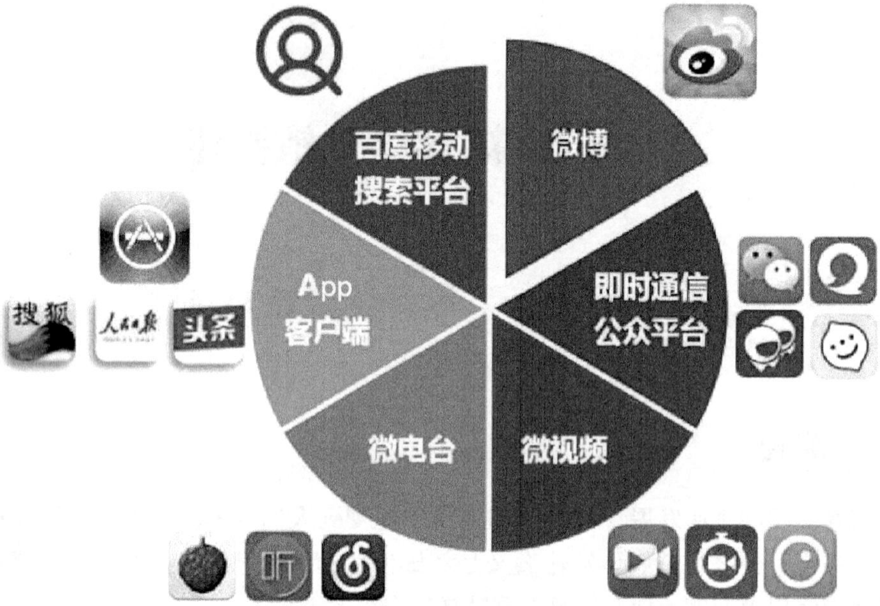

图 1－2　新媒体平台

要充分理解什么是新媒体营销，则需要分别从以下两个方面展开学习：新媒体营销概念及新媒体营销特点。

一、新媒体营销概念

在互联网尚未普及的时代，我们获取新闻一般是通过阅读报纸、看电视、收听新闻广播等方式，这样获取到的新闻信息相对比较滞后。而在互联网快速发展、高度普及的时代，我们可通过微博、门户网站、微信、App（智能手机的第三方应用程序）等渠道获取新闻，并且是新闻一发生，就能马上知晓。除此之外，我们还可以在新闻资讯后台进行留言互动，发表自己对此次新闻事件的看法，如图 1－3、图 1－4 所示。

在互联网时代，每个人不仅是信息的接收者，还可以是信息的发布者，而且信息是多元化的，我们可以根据自己的喜好有选择地关注与了解。以微信公众号为例，如果是一名资深的汽车爱好者，我们既可以关注萝卜报告、汽车洋葱圈等公众号来了解汽车知识，也可以自己创建公众号来发布与汽车相关的见解、经验等。

综合分析，新媒体营销就是指在电子化、信息化及网络化环境下，以现代营销理论作为基础，通过高科技及服务，最大限度地满足用户需求，进而实现开拓市场和盈利的营销活动。

图1-3　人民日报通过微信公众号发布的港珠澳大桥新闻

图1-4　新闻后台留言

二、新媒体营销特点

通过分析新媒体以及新媒体营销的概念，可以将新媒体营销的特点总结为以下四个方面。

1. 多元化

新媒体营销充分发挥电子信息技术的优势和特点，具有多样化的传播平台和传播形式，文字、图片、音频、视频等都可以作为新媒体营销内容的载体。通过多元化的传播媒介，受众就可以方便快捷地获取丰富的营销信息，然后进一步关注自己所需要的内容。

2. 普及性

近年来，互联网日渐成为人们日常生活中不可缺少的一部分，而新媒体是借助互联网产生的，并迅速进入大众视野，具备很好的普及条件。例如，手机如今已经成为国民上网最主要的载体，并且因其方便、快捷的特点，深入人们日常生活中的方方面面，为新媒体营销提供了良好的发展平台。

3. 互动性

互动性是新媒体营销相较于传统媒体营销方式最主要也是最具优势的特点。新媒体营销允许消费者对信息进行筛选，并且能够帮助消费者进行信息分类，使消费者尽可能地避免时间和精力的浪费，尽快选择出对自己有价值的营销信息。

4. 灵活性

新媒体营销以其丰富的传播途径和多元化的营销信息，扩充自身的营销容量，同时也使营销形式变得更加灵活、可控。也可以说，新媒体营销实现了对传统营销模式和营销领域的突破，使营销变得更具有创新性和吸引力，能够最大程度地满足消费者需求。

任务总结

本小节主要讲解了新媒体营销的概念以及新媒体营销的特点，致力于让学生认知和了解新媒体营销相关知识。学习内容较为简单，学生主要以认知和理解为主。

任务评价

<table>
<tr><th colspan="6">任务评价表</th></tr>
<tr><td colspan="2">任务完成方式</td><td colspan="4">□小组协作完成
□个人独立完成</td></tr>
<tr><td colspan="5">评价点</td><td>分值</td></tr>
<tr><td colspan="5">新媒体营销概念的认知是否准确</td><td>30</td></tr>
<tr><td colspan="5">是否能够区别新媒体与传统媒体</td><td>30</td></tr>
<tr><td colspan="5">新媒体营销的特点表述是否全面</td><td>40</td></tr>
<tr><td colspan="6">任务总成绩：</td></tr>
<tr><td>自我
评价</td><td>（20%）</td><td>小组
评价</td><td>（20%）</td><td>教师
评价</td><td>（60%）</td></tr>
<tr><td colspan="6">存在的主要问题</td></tr>
<tr><td colspan="6"></td></tr>
</table>

任务二　新媒体发展现状与趋势

任务前导

伴随着人工智能、VR（Virtual Reality，即虚拟现实）、AR（Augmented Reality，即

增强现实）等技术的持续进步，新媒体领域呈现出前所未有的巨大变化。面对时代变迁，必须清楚地认识和把握新媒体的现状与发展趋势，才能充分地运用新技术、新应用去创新传播方式，实现信息传递迅速化、便捷化的目标。

任务实施

新媒体发展现状与趋势，需要分别从两个方面展开介绍：新媒体发展现状、新媒体发展趋势。

一、新媒体发展现状

1. 移动用户持续增长，智能终端全面渗透到人们的日常生活

第45次《中国互联网络发展状况统计报告》显示，截至2020年3月，中国手机网民规模达8.97亿，使用手机上网的比例提升至99.3%，移动用户规模持续增长，如图1－5所示。智能手机已全面渗透到人们日常生活各个细分领域。

图1－5　中国手机网民规模及其占网民比例

资料来源：中国互联网发展状况统计报告。

2. 资讯消费占据主流，信息获取碎片化、视频化

据中国产业经济信息网统计数据显示，在信息的获取上，资讯消费在网民日均上网时间中占比约29%，由于手机成为用户获取资讯的主要渠道，资讯获取场景更加生活化。取代主动搜索的是，浏览器推送的信息受到用户的青睐。场景的无限制、获取信息的便利使用户对资讯的获取呈现碎片化特征。同时，越来越多的网民选择消费资讯视频，在视频网站上获取资讯的人数增长228%。

3. 微信、微博稳居优势地位，用户价值待开发

微信和微博作为国内两大社交媒体平台，稳居优势地位。据《2019微信数据报告》统计数据显示，截至 2019 年，微信月活跃账户数 11.51 亿，比 2018 年同期增长 6%。2020 年 5 月，微博发布 2020 年第一季度财报。财报数据显示，截至 2020 年 3 月底，微博月活跃用户达 5.5 亿，日活跃用户达 2.41 亿，与去年同期相比分别增长 8500 万和 3800 万，双双创下单季净增长历史新高。

通过这组数据不难看出，两大平台庞大的用户基础使其成为巨大的流量入口。尤其是微博的媒体属性及意见领袖的富集，更是具备了强大的话题引导能力。

二、新媒体发展趋势

1. 新媒体对人们未来生活产生重大影响

在新的传媒时代，新媒体更加广泛地渗入人类社会生活的方方面面，从“万物互联”到“万物智能”，电商、人工智能，各类 VR、AR 将极大地改变人们未来的生活。

例如，以电商起家的阿里巴巴，在过去的十几年，从 B2B 到 C2C 再到 B2C，构建了一个电商体系。随着互联网经济不断深入发展，阿里引入了 AR 技术，并随之展开了在文化产业领域的一系列收购，如投资收购文化中国，更名为阿里影业，在影视版权、电影投融资、在线售票、数字音乐及数字出版等领域都留下阿里的足迹。

2. 新媒体平台面临洗牌趋势，走向寡头竞争

随着很多热门领域的快速崛起以及用户向新媒体的大量涌入，产生了众多同质化平台和内容创作者，投资市场的冷静以及竞争的加剧让平台洗牌趋势会更加显著。未来新媒体平台间的融合和并购现象将增多，一些用户数量大的主流平台将更受投资者青睐，寡头竞争成为趋势。

例如，在短视频领域，今日头条就已有西瓜视频、火山小视频和抖音三款产品。西瓜视频对标秒拍；火山小视频对标快手，瞄准三四线城市用户群体；抖音则主要征服年轻用户。这三款产品足以让今日头条在短视频领域站稳脚跟。

3. 新媒体监管手段更加完善，重视自媒体舆情

不断爆发的众多舆论事件，促使政府关注对新媒体领域的监管。既要保证公众的舆论监督权益，又要保证政府对舆情的积极引导。一方面，要对新媒体领域众多问题作出规范，积极出台相关法律法规和政策。例如，针对个人信息保护、关键信息基础设施保护的《中华人民共和国网络安全法》就引起国内外媒体和网民的关注，得到很好的反响。另一方面，要鼓励行业制定内部规范，将政府管理与行业自律相结合。同时，要正视自媒体舆情事件，提升政务新媒体舆情应对能力，使舆论场活跃而有序。

任务总结

本小节在新媒体营销概述的基础上，进一步讲解新媒体的发展现状与趋势，加深学生对新媒体相关知识的理解。

任务评价

<table>
<tr><td colspan="6">任务评价表</td></tr>
<tr><td colspan="2">任务完成方式</td><td colspan="4">□小组协作完成
□个人独立完成</td></tr>
<tr><td colspan="5">评价点</td><td>分值</td></tr>
<tr><td colspan="5">对新媒体发展现状的认识是否到位</td><td>50</td></tr>
<tr><td colspan="5">对新媒体发展趋势的总结是否准确</td><td>50</td></tr>
<tr><td colspan="6">任务总成绩：</td></tr>
<tr><td>自我
评价</td><td>（20%）</td><td>小组
评价</td><td>（20%）</td><td>教师
评价</td><td>（60%）</td></tr>
<tr><td colspan="6">存在的主要问题</td></tr>
<tr><td colspan="6"></td></tr>
</table>

任务三　网络新媒体营销方式

任务前导

明确了新媒体的发展现状与趋势之后，接下来需要学习网络新媒体的营销方式。企业要开展新媒体营销工作，首先需要了解常见的网络新媒体营销方式，然后根据具体的营销目标选择合适的营销方式。

任务实施

网络新媒体营销方式可以从以下三个方面展开：搜索引擎营销、视频营销及社群营销。

一、搜索引擎营销

搜索引擎营销简称为SEM（Search Engine Marketing），其基本思想是用户通过检索发现信息，点击进入网页，进一步了解需要搜索的信息。常见的搜索引擎有搜狗、谷歌、百度、360 搜索、雅虎以及必应等。

搜索引擎营销的关键在于搜索，下面主要从搜索引擎优化和竞价排名两个方面讲解提升搜索排名的方法。

1. 搜索引擎优化

搜索引擎优化（Search Engine Optimization，简称SEO），简单说就是能让网页、关键词排名靠前的各种方法，其主要目的是增加主推关键词的曝光率，增加网站在搜索引擎中的收录量，最终提升网站的销售或宣传效果。搜索引擎优化对网络营销的价值主要体现在以下几个方面。

①网站通过搜索引擎自然检索显著提高用户访问量。

②通过网页内容的优化，利用有限的摘要信息感知用户公司产品及品牌，这也是网络营销品牌创建的内容和方法之一。

③通过搜索引擎检索结果信息，引导用户来到网站获得有价值的信息和服务，可见搜索引擎优化与网站内容等要素的优化是不可分割的。

④对提高用户转化率提供最大的支持。

⑤对竞争者施加营销壁垒：对于每个关键词检索结果而言，在搜索引擎返回的海量信息中，能够引起用户关注并形成点击的信息是非常有限的；在搜索结果中占据有利的位置，为用户带来潜在客户的同时，也对竞争者施加了营销壁垒，减少了竞争对手的推广空间。

2. 竞价排名

竞价排名是按点击计费的一种服务，用户可以通过调整每次点击付费价格，控制自己在特定关键词搜索结果中的排名，并通过设定不同的关键词捕捉到不同类型的目标访问者。出现在搜索结果中的推广信息如果没有被用户点击，则不收取推广费。

搜索引擎竞价排名推广主要包括以下六个步骤：

步骤1：在各个搜索推广平台申请搜索引擎营销推广账号。

步骤2：制作并优化网站登录页。

步骤3：确定关键词，制定推广计划。

步骤4：安装统计代码，确认网站转化目标。

步骤5：投放广告。

步骤6：跟踪并评估广告投放效果。

二、视频营销

互联网时代瞬息万变，比起其他形式的内容，用户更容易接受视频的直观表达。企业可以充分利用这个机会，通过视频进行产品或服务营销。下面，将从视频营销概念、视频营销优势及视频发布渠道三个方面展开讲解。

1. 视频营销概念

视频营销是指主要基于视频网站为核心的网络平台，以内容为核心、创意为导向，利用精细策划的视频内容达到产品营销与品牌传播的目的，这是“视频”和“互联网”的结合。

视频营销的形式包括电视广告、网络视频、宣传片、微电影等，主要通过把产品或品牌信息植入视频中，产生一种视觉冲击力和表现张力，借助网民的力量实现传播，从而达到营销产品或品牌的目的。

2. 视频营销优势

相对于传统营销方式，视频营销具有以下优势。

（1）成本低

相比传统广告昂贵的费用而言，视频营销只需要一个好的创意、几个员工，就可以做一个好的短片，放到视频网站上进行传播。

（2）目标精准

作为网络营销新兴方式之一，视频营销能够更精准地定位目标用户。视频有利于搜索引擎的优化，只要设置好关键词，视频往往会在搜索引擎中获得更好的排名，由于访客是根据需求主动搜索的，因此获得的流量相比传统营销要精准很多。

（3）呈现效果好

将文字、图片及声音三者立体地展现出来，形成丰富多样的视频，对用户的视觉和大脑感官造成强大的冲击力，相比图文广告更能够获得用户的青睐。

（4）互动性强

在发布视频时，拟一个具有吸引力的标题很关键，这可以引发用户观看视频并进行评论转发，增加了互动性；用户还可以把他们认为有缺点或者认可的视频转载到自己的博客或其他社交平台，进行主动性的“病毒式传播”。

3. 视频发布渠道

视频制作完成之后，要通过合适的渠道进行传播，才能收到事半功倍的效果，常见的视频发布渠道主要有以下四类。

①在线视频：主要是指一些专门的视频网站，其播放量主要依靠用户搜索或者小编推荐来获得，例如，爱奇艺、优酷土豆及腾讯视频等。

②资讯客户端：这类渠道的播放量主要是通过自身系统的推荐获得，例如，今日头条媒体平台、企鹅媒体平台及一点资讯等。

③短视频：这类渠道粉丝数量的多少对播放量影响比较大，例如，美拍、秒拍、抖音及快手等。

④社交平台：这类渠道传播性比较强，例如，QQ 空间、微博及微信等。

三、社群营销

1. 社群营销概念

社群营销就是基于相同或相似的兴趣爱好，利用某种载体聚集人气，通过产品或服务满足群体需求而产生的商业形态。简单来说，社群是一种把用户变成粉丝、把粉丝变成朋友的过程。

2. 社群营销优点

（1）低成本实现利润最大化

在社群中，每一个个体都是购买力和传播力的结合体，无论是产品购买还是品牌传播，用户都能为企业带来巨大效益。

（2）直达目标用户的精准营销

精准营销为许多企业找到了可行的方法，从“茫茫人海”转向了“特定社群”，这不仅节省成本，而且还带来众多的精准客户。

（3）高效率的圈子传播

社群的本质是链接，由手机端和电脑端构建的新媒体环境彻底突破了空间和时间的限制，将人与人紧密地联系在一起，而且这种联系通常是一种基于熟人的联系。

3. 社群营销步骤

步骤1：社群定位。首先定位目标群体，定位社群主打产品。

步骤2：建立社群。

步骤3：社群维护与激活。定好客户、选好产品后，确定如何做才能让用户购买。

步骤4：产品信息推广。“社群营销”最终就是要通过社交媒体进行营销。目前常见的社交媒体包括微信、微博及QQ等，可以根据这些渠道各自的特点，选择实际需要。

以小米为例，小米的快速崛起，离不开社群营销。其在社群营销上的做法主要包括以下几方面。

①聚集粉丝。小米通过多种方式聚集粉丝：利用微博获取新用户；利用论坛保持用户活跃度；利用微信做客服。

②增强参与感。比如开发MIUI时让米粉提出建议和要求，由工程师改进，这极大地增强了用户的参与感。

③增加自我认同感。小米通过爆米花论坛、“米粉节”“同城会”等活动，让用户产生“我是主角”的感受。

④全民客服。小米从领导到员工都是客服，都与粉丝持续对话，时刻解决用户问题。

任务总结

本小节主要讲解了几种常见的网络新媒体营销方式，包括搜索引擎营销、视频营销和社群营销。在学习过程中，学生需要明确这三种常见的网络新媒体营销方式的概念、优点以及实施步骤等内容。

任务评价

<table>
<tr><td colspan="6">任务评价表</td></tr>
<tr><td colspan="2">任务完成方式</td><td colspan="4">□小组协作完成
□个人独立完成</td></tr>
<tr><td colspan="5">评价点</td><td>分值</td></tr>
<tr><td colspan="5">搜索引擎营销的概念表述是否准确</td><td>20</td></tr>
<tr><td colspan="5">搜索引擎竞价排名推广的步骤是否清晰</td><td>20</td></tr>
<tr><td colspan="5">是否能够完整总结视频营销的优点</td><td>20</td></tr>
<tr><td colspan="5">是否明确社群营销的优点</td><td>20</td></tr>
<tr><td colspan="5">是否明确社群营销的操作步骤</td><td>20</td></tr>
<tr><td colspan="6">任务总成绩：</td></tr>
<tr><td>自我
评价</td><td>（20%）</td><td>小组
评价</td><td>（20%）</td><td>教师
评价</td><td>（60%）</td></tr>
<tr><td colspan="6">存在的主要问题</td></tr>
<tr><td colspan="6"></td></tr>
</table>

任务四　新媒体岗位职责

任务前导

随着企业对新媒体越来越重视，相关市场对新媒体的岗位需求量也在不断上升，应聘新媒体领域相关岗位的求职者数量呈增长趋势。整体来说，新媒体从业者在未来会有很大的发展空间。

任务实施

新媒体营销岗位职责，需要分别从两个方面展开介绍：市场、行业对新媒体人才的需求和新媒体人才层次划分及岗位职责。

1. 市场、行业对新媒体人才的需求

各大城市对于新媒体岗位的需求各有不同。根据拉勾网的统计数据，北京、深圳、上海占据着前三名的位置，如图 1－6 所示。随着新媒体的快速发展，其他城市对新媒体人才的需求量也在迅速增加。

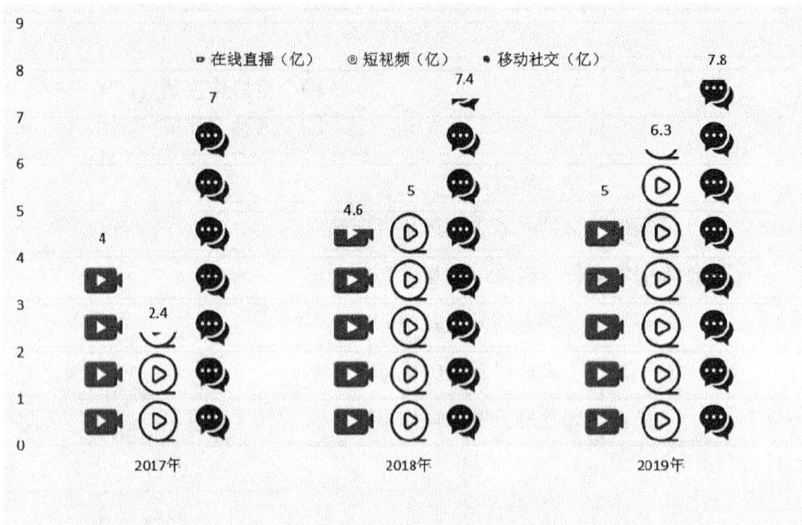

图 1－6　2017—2019 年中国新媒体行业不同领域用户规模及预测

越来越多的行业需要新媒体岗位的人才，其中电子商务、教育行业和生活服务三大行业对新媒体岗位的需求量最大，如图 1－7 所示。

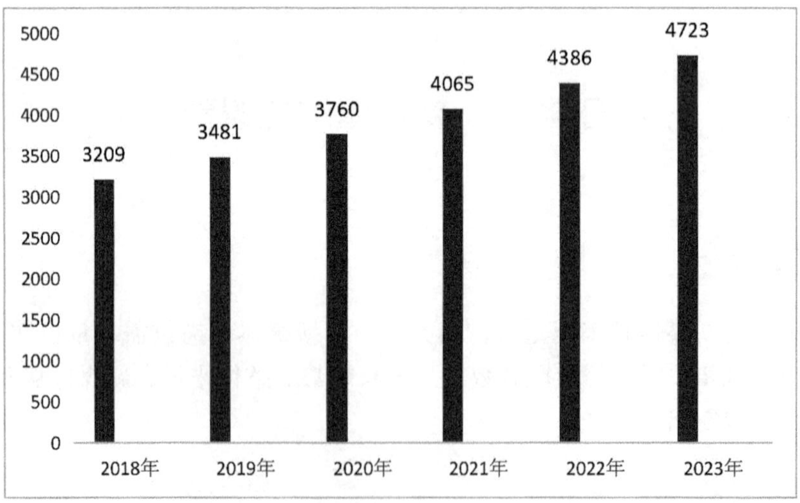

图 1－7　2018—2023 年中国新媒体行业企业数量增长趋势（单位：家）

2. 新媒体人才层次划分及岗位职责

根据智联招聘 2018 年 4 月公布的新媒体行业相关招聘信息，可以按照岗位要求和薪资将新媒体人才分为以下四个层次。

（1）第一层：新媒体客服人员

新媒体客服人员入行门槛低，岗位要求最低，对应的薪资待遇也最低，零基础的新人一般可以考虑从客服做起，通过这个岗位能迅速了解各个岗位的主要工作内容和问题，快速地成长起来。

以某教育咨询管理公司为例，该类岗位的工作职责包括①通过 QQ 群、贴吧、微信群等平台或网络工具进行中小学段家长和学生积累、服务；②为中小学段家长和学生提供初高中段的知识点、学科体系方面的内容收集和整理；③与校区进行沟通与交流，并根据学生和家长需求策划免费讲座、体验班及资料领取等活动；④邀约学生和家长上门体验，并获取反馈，及时总结和汇报。

（2）第二层：新媒体编辑人员

作为一名合格的新媒体编辑人员，不仅要掌握排版、起标题等基本技能，还应该提升自身的内容编辑能力。内容编辑的范围包括内容生产和内容加工。

以某公司新媒体编辑岗位为例，其工作职责为：①管理并运营公司产品微信媒体平台，负责日常发布内容的素材收集、内容策划和文案撰写；并且对线上活动有创新，能提高群的活跃度和用户黏度；②对新媒体营销及信息有深入研究的能力和敏锐的洞察力，有实操经验和成功案例；③快速响应社会、娱乐等网络热点话题，擅长借势造势，独立完成热点营销事件的策划和执行；④建立有效的新媒体运营体系，提升用户的活跃度，增加品牌的知名度和美誉度。

（3）第三层：新媒体运营推广人员

新媒体运营（含活动运营、用户运营等）是新媒体工作的重点，从业者的互动结合、热点把控和创意规划等能力是关键要求，所以要非常重视这个岗位的有能力的人才。新媒体运营主要的工作职责包含如下几个方面。

①负责公司新媒体整体运营：管理并运营公司微信、微博、知乎及贴吧等社会化媒体平台，负责日常发布内容的素材收集、内容策划和文案撰写；

②对新媒体营销及信息有深入研究且具备敏锐的洞察力，有实操经验和成功案例；

③快速响应社会、娱乐等网络热点话题，擅长借势造势，能够独立完成热点营销事件的策划和执行；

④建立有效的新媒体运营体系，提升用户的活跃度，增加品牌的知名度和美誉度；

⑤负责公司大项目的新媒体营销策划及执行统筹工作；

⑥负责新媒体关系拓展及商务合作等。

（4）第四层：新媒体技术人员

随着直播以及短视频的崛起，新媒体行业对能够熟练进行图文编辑排版、图片美化处理、音频效果改进和视频剪辑优化的技术人员需求量不断增加。同时，很多企业也急需精通拍摄技巧及有独特的镜头运用能力的技术人员。

任务总结

本小节主要讲述了新媒体岗位的市场、行业需求和新媒体人才层次划分及岗位职责等内容，帮助学生更好地认识新媒体岗位并进行职业选择。该部分的学习重点是新媒体的岗位职责。

任务评价

<table>
<tr><td colspan="6">任务评价表</td></tr>
<tr><td colspan="2">任务完成方式</td><td colspan="4">□小组协作完成
□个人独立完成</td></tr>
<tr><td colspan="5">评价点</td><td>分值</td></tr>
<tr><td colspan="5">新媒体的市场、行业分析是否精准</td><td>20</td></tr>
<tr><td colspan="5">新媒体客服岗位职责是否明确</td><td>20</td></tr>
<tr><td colspan="5">新媒体编辑岗位职责是否明确</td><td>20</td></tr>
<tr><td colspan="5">新媒体运营推广岗位职责是否明确</td><td>20</td></tr>
<tr><td colspan="5">新媒体技术岗位职责是否明确</td><td>20</td></tr>
<tr><td colspan="6">任务总成绩：</td></tr>
<tr><td>自我
评价</td><td>（20%）</td><td>小组
评价</td><td>（20%）</td><td>教师
评价</td><td>（60%）</td></tr>
<tr><td colspan="6">存在的主要问题</td></tr>
<tr><td colspan="6"></td></tr>
</table>

项目二　微信公众号

任务一　微信公众号建立

任务前导

利用微信公众号开展营销是当下企业和网店采用的主流营销方式之一，其具有营销成本低、营销受众广等特点，能够以较低的投入获得较高的产出。那么，如何进行公众号营销？我们将以一家经营广西特产——螺蛳粉的网店为例，展开微信公众号营销的讲解，本任务主要讲解如何建立微信公众号。

任务实施

微信公众平台营销主要通过服务号、订阅号、小程序和企业微信（原企业号）四种方式进行，服务号与企业微信能为企业和组织提供更强大的业务服务，增强用户管理能力；小程序是一种在微信内能被用户快速获取和传播的应用；订阅号是为用户传播新闻、娱乐、时政及情感等信息的方式。而我们日常所说的微信公众号大多指的是订阅号。

结合螺蛳粉的推广需要，我们选择创建微信订阅号来开展营销宣传，操作时，需要分以下两部分操作：微信公众号定位及微信公众号建立。

一、微信公众号定位

展开营销之前，需要对自身进行定位。建立微信公众号，首先需要明确公众号的定位，即公众号的类型。常见公众号类型有四种：自媒体类、产品营销类、品牌营销类以及客户关系维护类。

学生需要依据自己的网店或产品选择合适的公众号类型。

步骤 1：了解各类公众号类型。借助网络查找自媒体类、产品营销类、品牌营销类以及客户关系维护类公众号类型的信息，总结各类型公众号的特点，并完成下列表格的填写。

公众号类型	特点
自媒体类	
产品营销类	
品牌营销类	
客户关系维护类	

步骤2：确定公众号定位。在了解了各类公众号的详细情况后，需要选择符合自己需要的公众号类型。案例中的螺蛳粉网店将要建立的公众号以产品营销为目的，因此其公众号定位为产品营销类公众号。

二、微信公众号建立

确定好公众号定位后，需要建立公众号，步骤如下所示。

步骤1：通过电脑登录微信公众平台官网（https：//mp. weixin. qq. com/），点击右上角的“立即注册”，如图2－1所示。

图2－1　账号注册页面截图

步骤2：依照提示填写完相关信息后，在跳转页面选择注册账号类型，此处选择“订阅号”，如图2－2所示。

图2－2　选择“订阅号”

步骤3：填写邮箱、密码等信息，点击“注册”，如图2－3、图2－4所示。

图2－3　填写注册信息页面截图

图 2－4　邮箱激活页面截图

步骤 4：选择类型。根据跳转页面提示，选择注册地，如图 2－5 所示。选择之后，会跳出“账号类型”的选择，选择“订阅号”，弹出提示对话框，如图 2－6、图 2－7 所示。

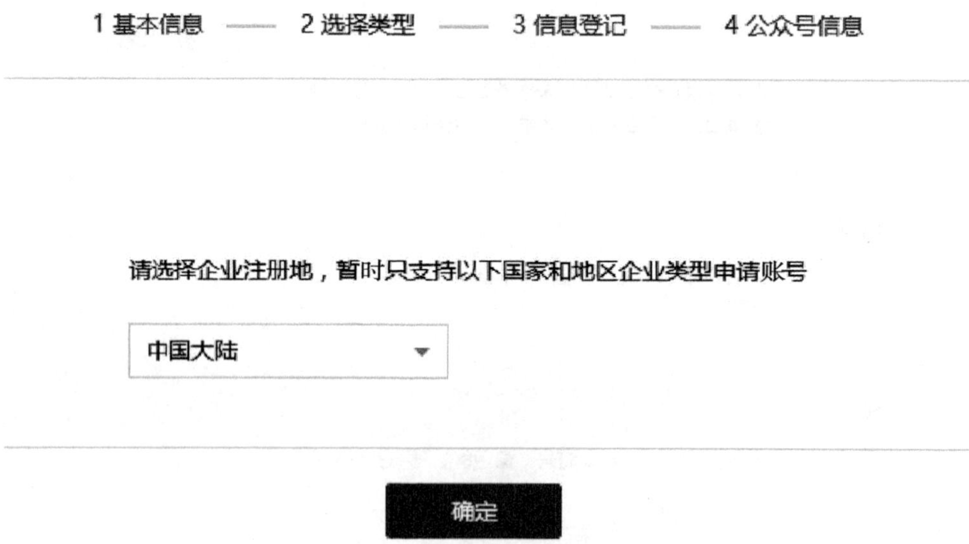

图 2－5　选择注册地页面截图

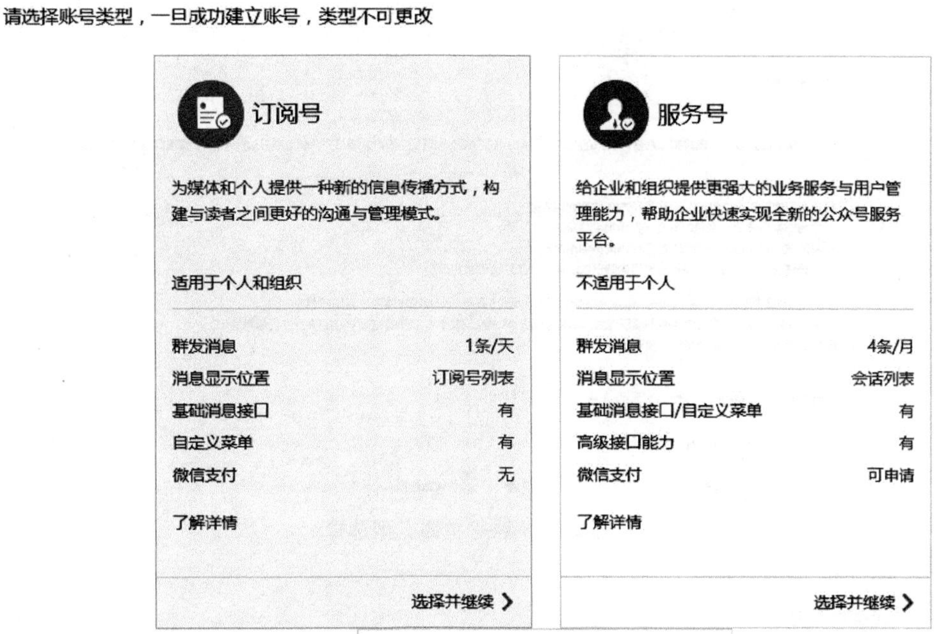

图 2－6　确认账号类型

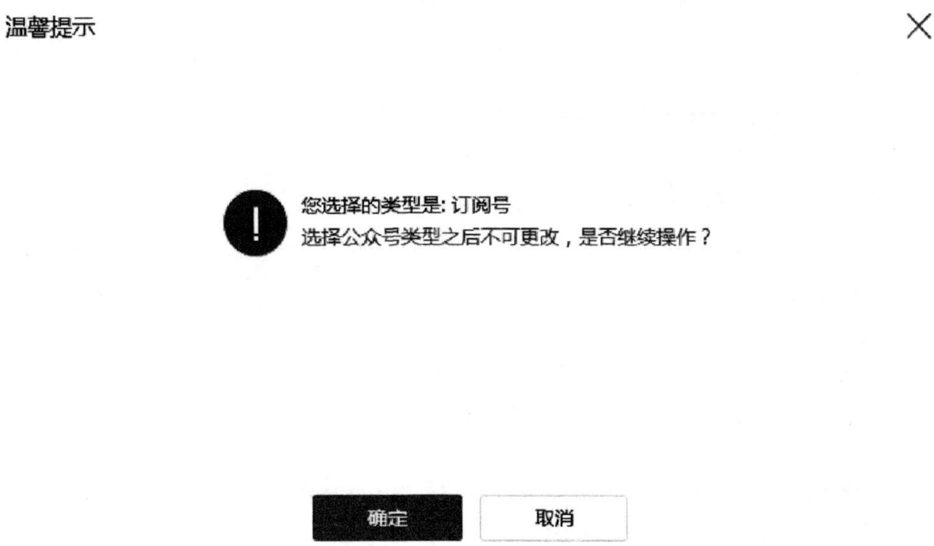

图 2－7　提示对话框

步骤 5：信息登记。选择账号主体类型“个人”后点击“下一步”，如图 2－8 所示。根据提示，填写身份证姓名、身份证号码、手机号等信息后点击“继续”，如图 2－9 所示。

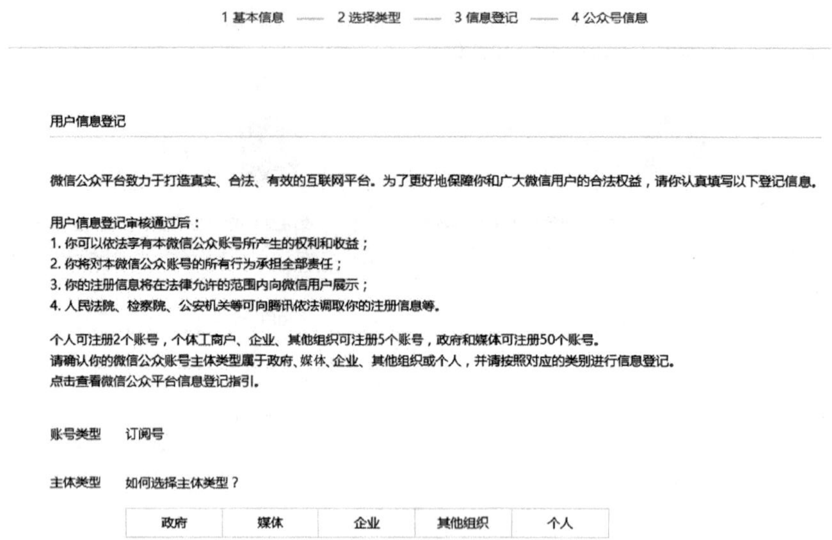

图 2－8　账号主体类型选择

图 2－9　完善主体信息

步骤 6：完善公众号信息。填写“账号名称”“功能介绍”“运营地区”，这些信息填写完成后，公众号注册工作基本完成，点击“完成”即可，如图 2－10 所示。点击完成后会跳转至公众号平台首页，如图 2－11 所示，在该页面可以根据需要继续完善账号信息，如上传头像、功能设置和授权管理等。

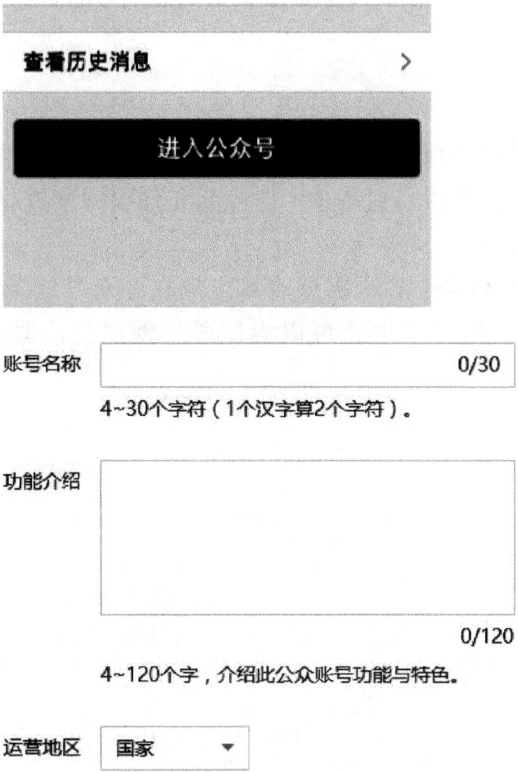

图 2－10　完善公众号信息

图 2－11　公众号设置

至此，微信公众号创建成功，接下来需要对微信公众号的内容进行策划。

任务总结

本小节主要讲解了微信公众平台的账号类型及订阅号的创建，致力于培养学生独立建立微信公众号的能力。在学习过程中，学生要在仔细阅读教材的基础上，完成实践操作。

该小节操作内容较为简单，学生需要将难点放在公众号信息的完善部分，提前预设好需要填写的内容，同时学生还可以尝试通过创建微信服务号掌握具体操作步骤。

任务评价

<table>
<tr><td colspan="6">任务评价表</td></tr>
<tr><td colspan="2">任务完成方式</td><td colspan="4">□小组协作完成
□个人独立完成</td></tr>
<tr><td colspan="5">评价点</td><td>分值</td></tr>
<tr><td colspan="5">公众号类型选择正确与否（选择订阅号为正确）</td><td>20</td></tr>
<tr><td colspan="5">信息登记是否为个人</td><td>20</td></tr>
<tr><td colspan="5">公众号信息填写完善与否</td><td>30</td></tr>
<tr><td colspan="5">是否最终完成公众号的建立</td><td>30</td></tr>
<tr><td colspan="6">任务总成绩：</td></tr>
<tr><td>自我
评价</td><td>（20%）</td><td>小组
评价</td><td>（20%）</td><td>教师
评价</td><td>（60%）</td></tr>
<tr><td colspan="6">存在的主要问题</td></tr>
<tr><td colspan="6"></td></tr>
</table>

任务二　微信内容策划

任务前导

通过任务一的学习与实操，螺蛳粉网店拥有了属于自己的公众号，这是展开公众号营销的第一步。随后，针对网店的产品进行首轮发文推广，在文章内容编辑和发布之前，需要提前策划微信内容，以便为用户提供最有价值的产品资讯，挖掘用户更加个性化的消费需求。

任务实施

微信内容策划，需要从两个方面展开操作：微信内容选题策划及微信内容策划实施。

一、微信内容选题策划

学生需要根据以下步骤完成选题策划。

步骤1：明确选题类型。需要通过网络和教材，了解三种常见的选题类型：常规选题、热点选题、系列选题，并填写下表内容。

选题类型	特点	受众
常规选题		
热点选题		
系列选题		

步骤2：确定选题方式。需要根据上面的三种选题类型确定选题方式。确定选题方式时，可以根据自己的特长或产品的特点选择不同的类型。如螺蛳粉营销，可以选择系列选题。

螺蛳粉选题方式	系列选题
学生选题方式	

步骤3：确定选题。在进行这步操作时，需要结合以下三项，做出最终选题。

①受众：覆盖人群、痛点程度。选题要符合大多数受众的爱好，能够触碰到用户痛点（在步骤1和步骤2中，已经对受众进行了确定与分析，在进行这部分操作时，需要结合步骤1和步骤2分析结果）；

②话题：可操作性、时效性、话题性、传播性。选题要尽量选正在发生的、将要发生的以及发生不久的事件等，且在受众群体中具有一定的话题性和传播性。

③主体：相关性、价值观。选题要与公众号定位一致，符合公众号要树立的价值理念。

如螺蛳粉营销，可以选择介绍螺蛳粉材料、口味、做法等。

螺蛳粉选题	对螺蛳粉材料、口味、做法等进行系列普及
学生选题类型	

通过以上步骤，可以完成微信公众号内容选题策划部分的操作。

二、微信内容策划实施

微信内容策划实施，需要通过以下步骤进行。

步骤1：要明确产品定位，结合网店产品，挖掘出产品的特色与卖点。如网店经营的螺蛳粉有如下特点：汤够鲜、笋味厚、有米香、豆香醇等。

步骤2：学生需要了解用户群。针对网店产品，需要分析用户行为，清晰用户画像及其特点。如针对产品螺蛳粉进行用户群定位时，会发现螺蛳粉的用户群具有图2－12所示的特点。

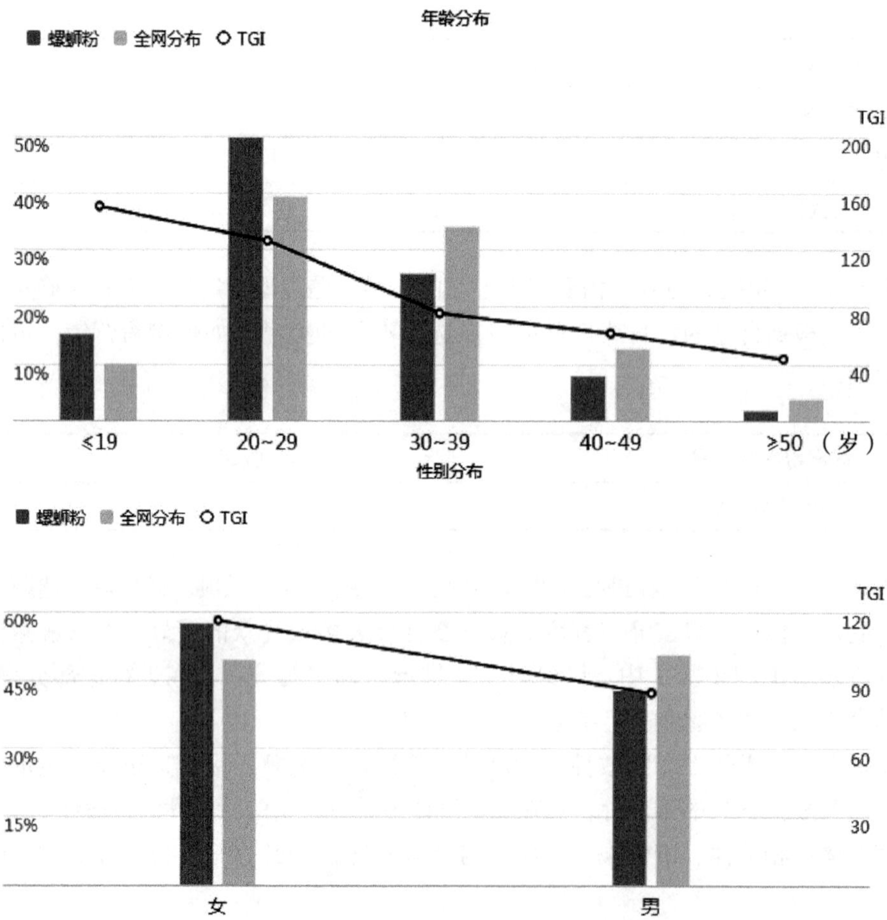

图2－12　百度指数“螺蛳粉”人群属性年龄及性别分布

步骤3：确定内容类型。微信公众号的内容包括图文消息、文字、图片、语音和视频等。其中，图文消息和视频是广泛采用的两种形式，选择合适的内容类型即可。

步骤4：确定内容表现形式。常见的内容类型有四种：经验型、功效型、体验型和新闻型。其中，经验型为向用户传授经验的图文，如《如何编写微信图文内容》；功效型主要提供产品介绍、产品使用方法，如《增高鞋让你增高10厘米》；体验型讲述自己使用某产品的过程、取得的功效以及使用的经验，如《快速减肥20斤》；新闻型紧扣社会热点、最新行业动态等，如《NBA赛果新动向》。

在了解了内容类型后，需要通过用户分析确定公众号内容。如若很多人对螺蛳粉的配料并不是很了解，螺蛳粉网店的推广内容就可以定位为经验型。

螺蛳粉内容类型	经验型内容
学生内容类型	

步骤5：确定内容风格。即确定图文等整体呈现效果，比如平述、幽默、严肃、抒情等。这里需要结合公众号的定位和选题等进行确定。如案例内容类型是螺蛳粉配料的经验型分享，所以可以采用平述的描述风格。

螺蛳粉内容风格	平述
学生内容风格	

步骤6：确定推送时间。首先要了解合适的推送时间段，可以参考以下内容进行推送时间的选择，如图2－13所示。

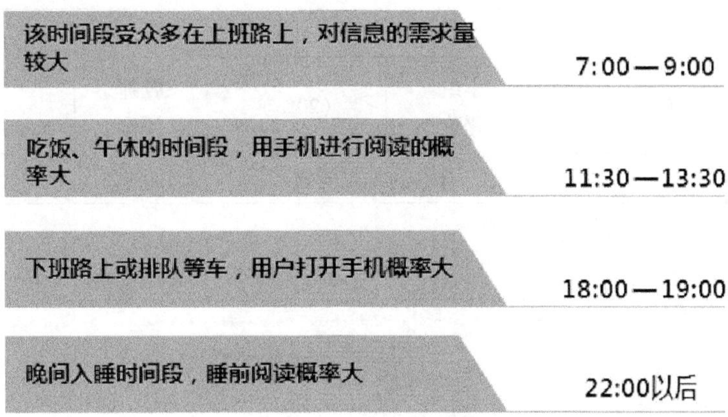

图2－13　推送时间选择

选择完推送时间后，就完成了微信内容策划的整体操作，接下来，需要根据策划结果进行微信内容编辑的操作。

任务总结

本小节主要讲解了微信内容策划的流程与方法，重点培养学生针对网店和产品进行内容策划的能力。在学习过程中，学生要重点掌握用户群及产品定位、确定内容，了解微信内容的发送时间与发送频率，为微信内容编辑的学习和操作打造良好的基础。

任务评价

<table>
<tr><td colspan="6">任务评价表</td></tr>
<tr><td colspan="2">任务完成方式</td><td colspan="4">□小组协作完成
□个人独立完成</td></tr>
<tr><td colspan="5">评价点</td><td>分值</td></tr>
<tr><td colspan="5">主题类型是否准确</td><td>10</td></tr>
<tr><td colspan="5">选题方式是否恰当</td><td>10</td></tr>
<tr><td colspan="5">选题是否合适</td><td>10</td></tr>
<tr><td colspan="5">产品定位是否准确</td><td>10</td></tr>
<tr><td colspan="5">用户群定位与分析是否正确</td><td>20</td></tr>
<tr><td colspan="5">内容类型选择是否准确</td><td>10</td></tr>
<tr><td colspan="5">内容风格选择是否恰当</td><td>10</td></tr>
<tr><td colspan="5">发送时间与频率选择是否合适</td><td>20</td></tr>
<tr><td colspan="6">任务总成绩：</td></tr>
<tr><td>自我
评价</td><td>（20%）</td><td>小组
评价</td><td>（20%）</td><td>教师
评价</td><td>（60%）</td></tr>
<tr><td colspan="6">存在的主要问题</td></tr>
<tr><td colspan="6"></td></tr>
</table>

延伸练习

背景：

恭城脆柿是广西一大特产，正值“双十一”，淘宝网店推出优惠促销活动：5 斤包邮，原价99元，现价29元，用户还可以随机领取10元优惠券。现需在微信公众号大力宣传此次“双十一”促销活动，请根据本小节所学知识，完成内容策划。

步骤分解：

（1）根据百度指数，了解广西恭城脆柿的用户画像。

（2）通过市场调研，了解恭城脆柿的产品特点。

（3）根据练习背景，确定内容类型。

（4）确定内容表现形式。

（5）确定内容风格。

（6）确定内容推送时间。

任务三　微信内容编辑

任务前导

内容策划完成之后，就需要在微信公众号后台进行内容编辑。编辑是一种视觉上的设计，是品牌文化的展现方式之一。优质的内容带给用户的不单单是信息，还有阅读的享受。微信内容编辑是整个微信公众号营销中的重要组成部分。

任务实施

微信内容编辑可以从以下三个方面分别展开实施：标题撰写、图文编辑、编辑工具。

一、微信标题撰写

步骤1：通过搜狗微信搜索查看热门搜索并学习高阅读量标题。在搜狗搜索栏选择微信选项，在页面右侧会看到搜索热词，同时还可以查看文章素材、搜索公众号，查看出现在首页的高阅读量标题是怎样命名的，并进行总结记录。

搜狗微信搜索热文标题特点

步骤2：登录今日头条查看热门搜索并学习高阅读量标题。今日头条的特点是实时推送新闻热点，而且能够根据需要进行个性化推荐。进入今日头条首页，查看并学习热门阅读量标题，然后进行总结记录。

今日头条热文标题特点

步骤3：撰写微信标题。根据内容策划的结果，撰写微信标题（结合步骤1、步骤2归纳的结果）。在撰写时，可以借鉴的方法如图2－14所示。

微信内容标题

图2－14　微信标题撰写技巧

二、微信图文编辑

步骤1：登录微信公众号，点击页面中间的“新建群发”选项，如图2－15所示。在跳转页面中选择“自建图文”，如图2－16所示。

图 2－15　点击进入群发功能

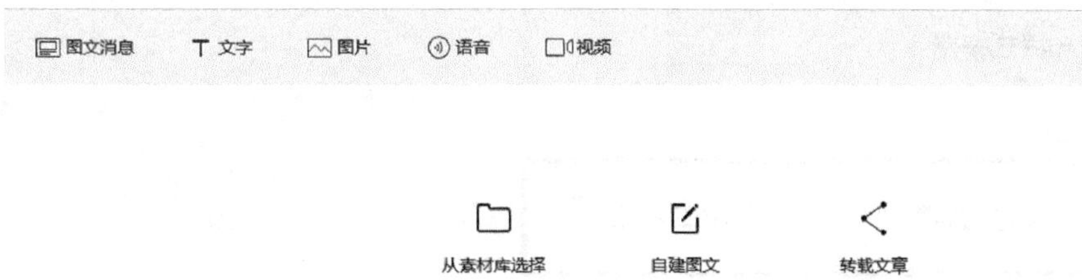

图 2－16　“自建图文”页面

步骤 2：依次在编辑框中输入标题、作者、正文，如图 2－17 所示。如果想要推送的文章在网络有链接，可以点击下方的“添加原文链接”选项，如图 2－18 所示。

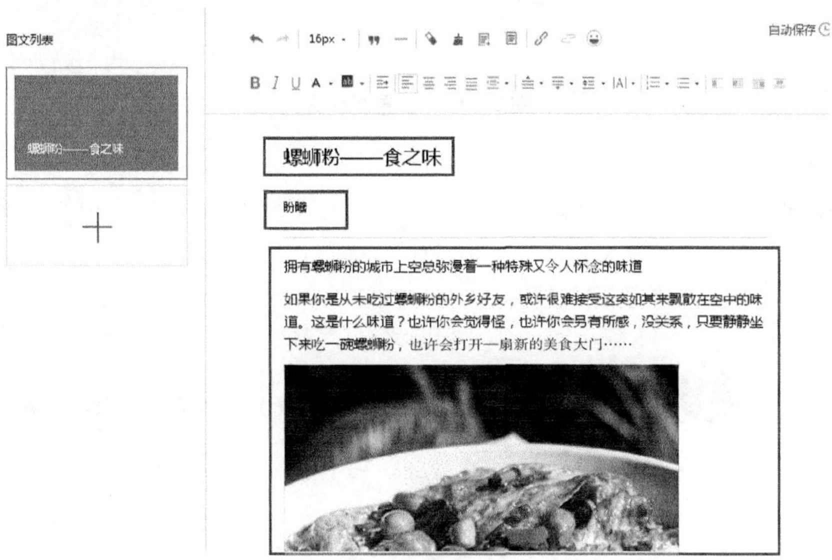

图 2－17　编辑标题等信息

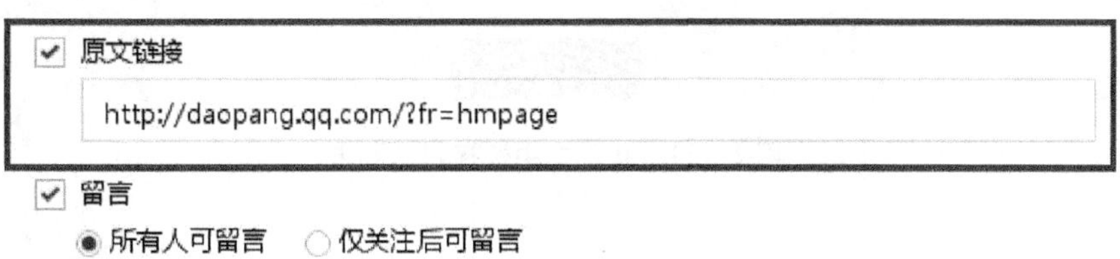

图 2－18　添加原文链接

步骤3：为文章设置封面。封面可以从正文中选择，也可以从图片库中选择，如图2－19所示。这里应该注意，如果从正文中选择，必须满足一定要求，如图2－20所示。当选择“从图片库选择”时，会弹出相应对话框，既可以在图库中选择，又可以上传新图片，如图2－21所示。选择本地上传时，只需选中所需图片，点击打开即可，图片上传完成后，会和原有图片一起出现在图库中，点击确定即可（可勾选在正文顶部显示封面图），如图2－22所示（封面图片尺寸建议900px×500px）。

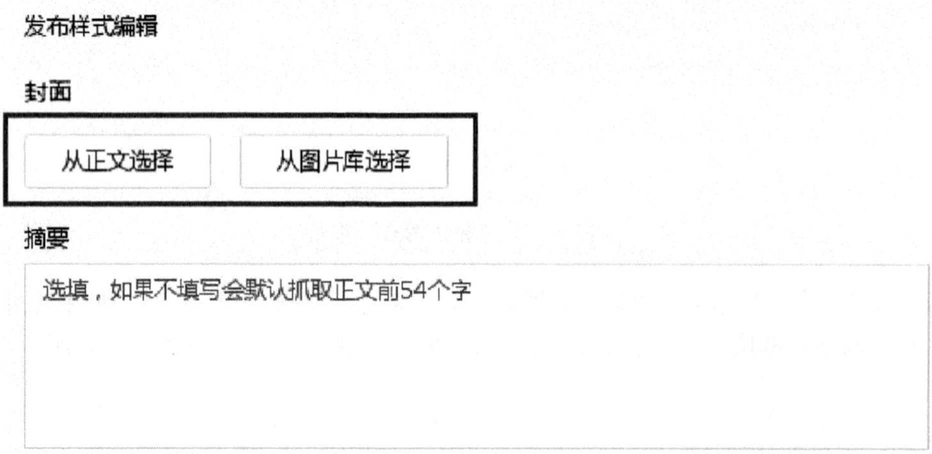

图2－19　设置封面方式

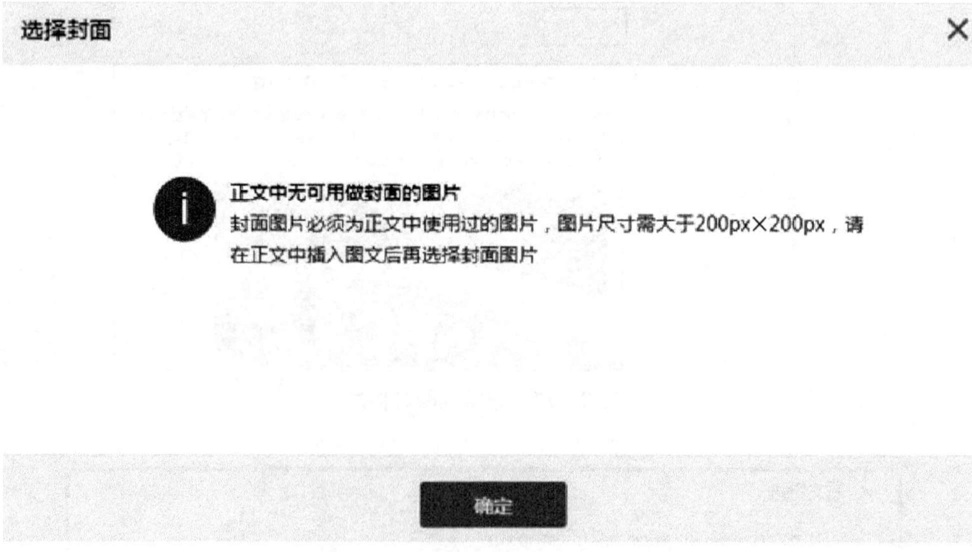

图2－20　从正文中选择封面要求

图 2－21　选择图片

图 2－22　上传封面图片

步骤 4：封面图片上传完成后，可点击“保存”“预览”“保存并群发”，如图 2－23所示，此处暂且选择“保存”按钮。

图 2－23　封面图片上传成功

步骤5：保存好已经编辑的图文消息后，返回公众号首页，在“最近编辑”选项中找到编辑好的图文消息，此时通过图文信息下方的编辑或群发按钮，对图文消息进行相关操作，如图2-24所示。

图2-24　查看图文消息

步骤6：点击编辑按钮时，会再次进入图文编辑状态，检查无误后选择“保存并群发”，如图2-25所示。随之页面会跳转至图2-26，点击“群发”即可。在弹出的对话框中选择“继续群发”按钮，如图2-27所示。

图2-25　保存并群发页面截图

图 2－26　群发页面截图

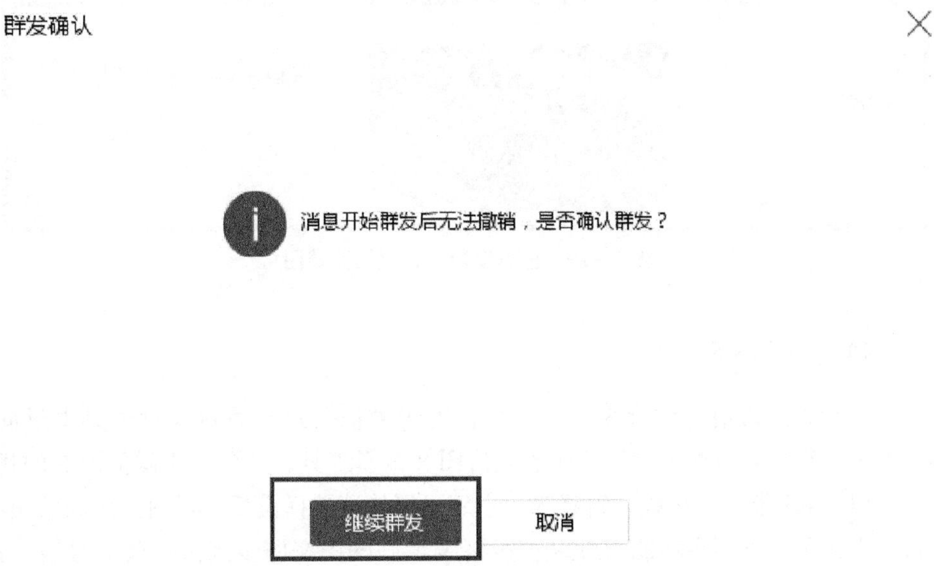

图 2－27　操作确认页面截图

步骤 7：管理员账号扫描二维码进行操作验证，如图 2－28 所示。验证成功后，会在公众账号首页出现已发消息记录，如图 2－29 所示。

图 2 – 28　操作验证页面截图

图 2 – 29　已群发消息记录页面截图

三、微信编辑工具

近几年新媒体营销已经成为一种趋势，鉴于微信公众号后台编辑工具太过简单，市场上推出了很多含有简单设计功能的微信图文编辑工具，主要用于微信图文的排版，如秀米、135 编辑器、小蚂蚁编辑器等。小编可以快速选择模板进行图文排版编辑，这些平台还提供了一键同步功能，可以直接将编辑好的图文同步到微信公众号后台素材库。下面我们以秀米为例，向大家讲解如何借助工具进行图文编辑。

步骤 1：百度搜索秀米，进入秀米首页后完成注册并登录，点击右边的“新建一个图文”进入图文编辑页面，如图 2 – 30 所示。

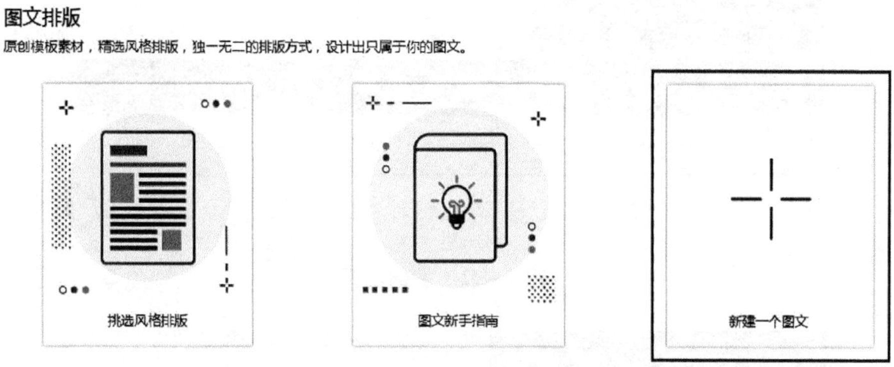

图 2 – 30　新建一个图文页面截图

步骤 2：页面跳转后进入编排页面，左侧为系统模板里的样式，然后在右边的显示窗口里进行相对应的编辑即可，如图 2 – 31 所示。当然还可以改变样式整体配色，在最右边选择自己喜欢的就行。其中“我的收藏”以及“我的图库”功能需要注册登录平台账号才可以使用，通常情况直接使用“系统模板”就可以满足日常需求。

图 2 – 31　秀米编辑页面展示

步骤 3：点击“模板加入”可以在弹出的工具栏中设置主题、间距、基础字号等，如图 2 – 32 所示。同样可以在左侧的系统模板中选择自己喜欢的模板拖拽至编辑区，选择错误时还可以在页面右侧点击“撤销”或“重做”按钮，如图 2 – 33 所示。

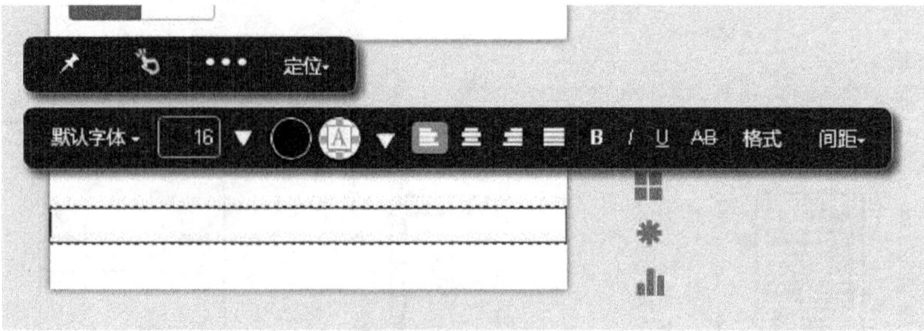

图 2 – 32　基础设置

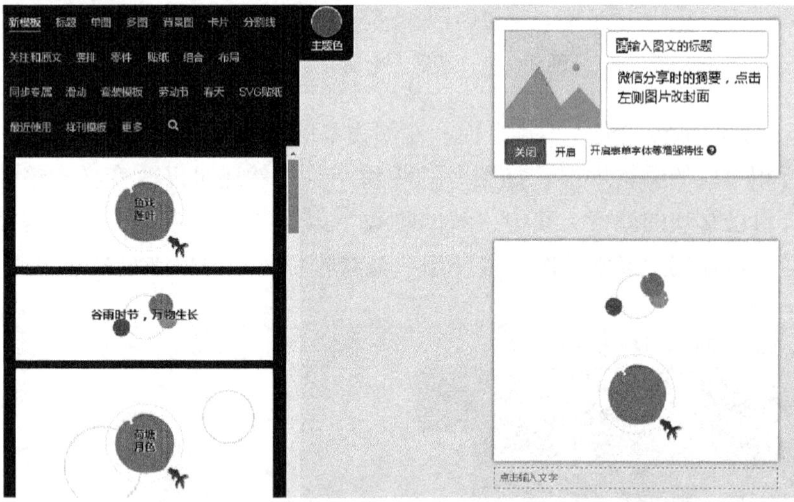

图 2 – 33　加入系统模板

步骤 4：点击已加入的模板，对模板进行个性化编辑，如图 2 – 34 所示。编辑效果，如图 2 – 35 所示。

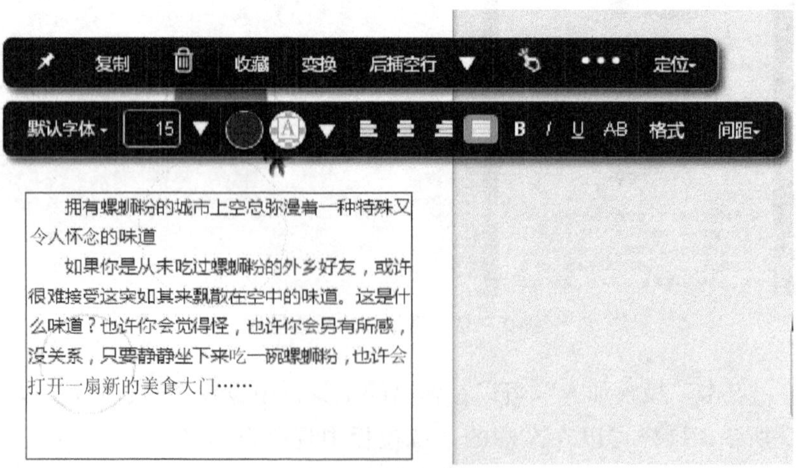

图 2 – 34　编辑模板

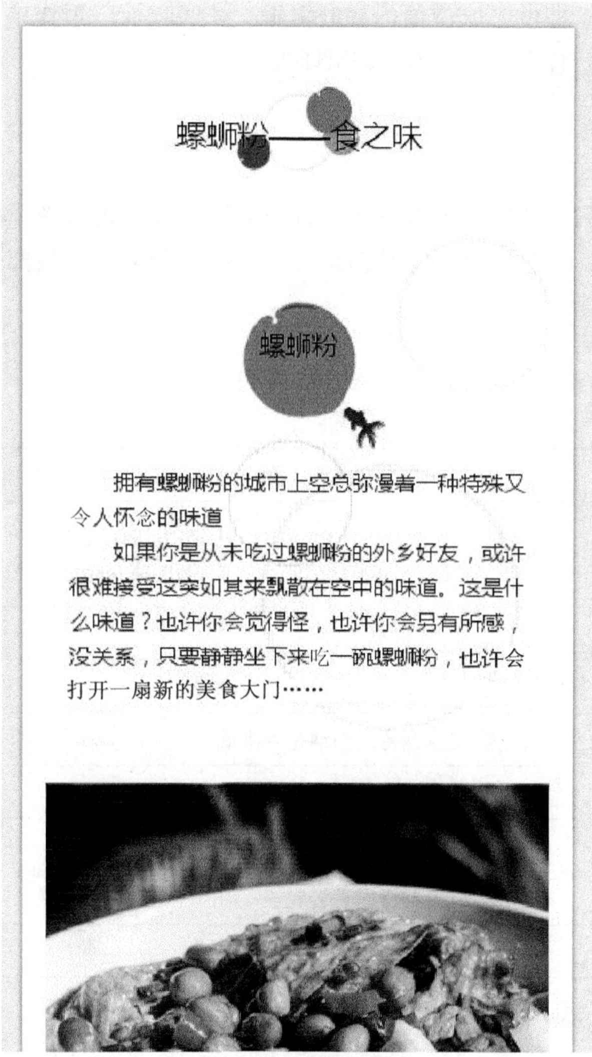

图 2－35　编辑后效果

步骤5：编辑完成后，可在页面顶部进行“打开图文”“预览”“保存”“复制到微信公众号”“更多操作”等操作。选择“复制到微信公众号”（打钩图标）最后粘贴到微信的图文消息编辑器中即可，如图 2－36 所示。

图 2－36　将内容复制到微信公众号

步骤6：将内容复制到微信公众号后，只要按照公众号后台相关操作发布图文消息即可。

通过以上操作，即可完成微信内容的编辑。在实际推广工作中，大家根据图文编辑的需求选择以上一种方式进行内容编辑即可。

任务总结

本小节主要讲解了微信内容编辑的流程与方法，重点培养学生微信内容编辑的能力。在学习过程中，学生需要重点掌握微信内容编辑的方法。该部分的学习难点是标题命名，需要重点学习。

任务评价

<table>
<tr><th colspan="6">任务评价表</th></tr>
<tr><td colspan="2">任务完成方式</td><td colspan="4">□小组协作完成
□个人独立完成</td></tr>
<tr><td colspan="5">评价点</td><td>分值</td></tr>
<tr><td colspan="5">搜狗微信搜索热文标题特点归纳是否准确</td><td>10</td></tr>
<tr><td colspan="5">今日头条热文标题特点归纳是否准确</td><td>10</td></tr>
<tr><td colspan="5">微信标题撰写是否恰当</td><td>20</td></tr>
<tr><td colspan="5">微信图文编辑是否完成</td><td>30</td></tr>
<tr><td colspan="5">微信编辑工具操作是否完成</td><td>30</td></tr>
<tr><td colspan="6">任务总成绩：</td></tr>
<tr><td>自我
评价</td><td>（20%）</td><td>小组
评价</td><td>（20%）</td><td>教师
评价</td><td>（60%）</td></tr>
<tr><td colspan="6">存在的主要问题</td></tr>
<tr><td colspan="6"></td></tr>
</table>

延伸练习

背景：

针对广西恭城脆柿在“双十一”的优惠活动，选择本节学习的任意一种方式，将策划完成内容在微信公众号后台完成编辑并成功发布。

步骤分解：

（1）选择图文编辑排版方式。

（2）打开编辑后台，进行排版编辑，包含文字、配图、封面、链接等。

（3）编辑完成后进行图文群发。

任务四　微信营销数据监控

任务前导

在完成整体微信内容编辑并发布后，需要对微信营销数据展开实时监控，这样做能够及时获取微信公众号文章达成的营销效果，并针对数据监控结果，进行后续营销内容的优化。

任务实施

微信营销数据监控，可以分为以下两个部分展开操作：微信营销数据收集以及微信营销数据分析。

一、微信营销数据收集

步骤1：搜索并登录微信公众平台。

步骤2：查看发文的阅读数和点赞数。能够根据阅读数与点赞数初步了解图文受欢迎程度。

步骤3：点击左侧导航栏统计栏目下的条目，包括用户分析、图文分析、菜单分析、消息分析、接口分析和网页分析。在这里点击“图文分析”，收集图文用户阅读人数及分享人数等数据，如图2－37所示。在图2－38中，可以自行选择日期，查看该时段的用户阅读情况。

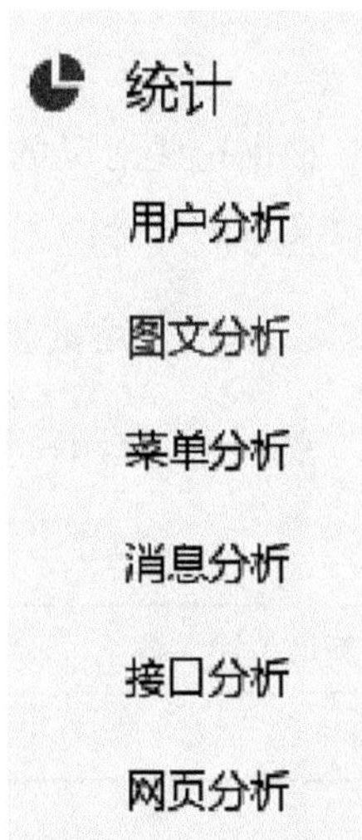

图2－37　栏目列表

图2－38　按时间查看

步骤4：进入图2－39，查看用户情况，包括关注人数变化、净增关注人数、累计关注人数、不同来源渠道人数情况等，对这些数据进行收集与整理。

结合步骤1至步骤4的数据能够分析出微信订阅号的总体人数变化和文章的阅读

图 2－39　用户数据

情况，根据这些情况的不同，采取相应措施。比如，文章阅读人数很少，则减少或取消这类文章的发送。

二、微信营销数据分析

步骤 1：收集用户数据。在分析时，先根据收集到的数据，完成下面表格的填写。

用户数据 1

新增关注人数	取消关注人数	净增关注人数	10 日关注人数罗列

用户数据 2

各部分新增人数数量	
公众号搜索新增人数	
扫描二维码新增人数	
图文右上角新增人数	
图文页内公众号名称新增人数	

表格填写完成后，可以直观地看到用户数据情况。新增人口数量与所发内容优质

与否有很大关系，微信图文内容优质，则新增关注人数多。如果新增人数少，要考虑更换公众号文章的选题、优化公众号文章；如果新增人数多，则可以继续依据已有公众号的发文类型进行创作。

步骤2：收集图文数据。完成下面表格。

图文数据

图文送达人数	图文阅读人数	图文分享人数

图文数据直观地反映了这篇图文在受众中的欢迎度，帮助小编挖掘用户潜在需求。

步骤3：对数据进行不同维度的分析。收集数据是为了对其进行有目的地分析，从而得出需要挖掘的需求。我们可以从不同维度分析数据，如分析图文打开的渠道，了解用户使用习惯；分析本周用户增长与图文发布数，了解公众号用户增长的动因；分析图文阅读数据，了解用户的转化情况等。

基于源数据，可以根据目的自行建模分析，还可以借助一些公众号运营工具进行数据分析，如西瓜数据，如图2－40所示，对公众号进行数据诊断。

图2－40　西瓜数据公众号诊断

步骤4：分析总结。通过数据监控，分析总结公众号运营策划的内容受众情况，了解此次内容营销是否成功，是否具有可复制性，还有哪些创意能够推动用户转化等。

任务总结

本小节主要讲解了微信营销数据监控的步骤与方法，培养学生在微信内容发布后的数据收集与分析能力。该部分的学习重点是营销数据的收集与分析，难点是营销数据的分析。

任务评价

<table>
<tr><td colspan="6">任务评价表</td></tr>
<tr><td colspan="2">任务完成方式</td><td colspan="4">□小组协作完成
□个人独立完成</td></tr>
<tr><td colspan="5">评价点</td><td>分值</td></tr>
<tr><td colspan="5">发文的阅读数和点赞数是否收集到位</td><td>20</td></tr>
<tr><td colspan="5">用户分析、图文分析、菜单分析、消息分析的数据是否收集到位</td><td>20</td></tr>
<tr><td colspan="5">用户数据分析是否合理、到位</td><td>30</td></tr>
<tr><td colspan="5">图文数据分析是否准确</td><td>30</td></tr>
<tr><td colspan="6">任务总成绩：</td></tr>
<tr><td>自我
评价</td><td>（20%）</td><td>小组
评价</td><td>（20%）</td><td>教师
评价</td><td>（60%）</td></tr>
<tr><td colspan="6">存在的主要问题</td></tr>
<tr><td colspan="6"></td></tr>
</table>

延伸练习

背景：

分析上节推送的广西恭城脆柿“双十一”优惠活动的图文，利用西瓜数据，再结合微信公众号后台数据，分析此次图文推送的用户转化情况。

步骤分解：

（1）通过百度搜索“西瓜数据”，进入“西瓜数据”账号后台。

（2）选择公众号诊断，添加微信公众号并进行诊断。

（3）选择阅读数监控，了解公众号已发表图文的阅读数。

（4）整理微信公众号后台图文打开数据，了解图文转化率。

（5）从不同维度分析此次图文推送的用户转化情况。

项目三　微博营销

任务一　微博账号建立

任务前导

微博营销是指借助微博平台的互动性、即时性和开放性等特点，为企业、个人等创造价值的一种营销方式，也可以理解为企业或个人通过微博平台发现并满足用户的各类需求的商业行为方式。那么，如何进行微博营销？接下来，我们将以一家经营广西特产罗汉果的网店为例，讲解微博营销的相关知识，本任务主要讲解微博账号的建立。

任务实施

微博账号的建立需要分别从两个方面展开操作：微博账号的申请和注册以及微博信息的完善。

一、微博账号的申请和注册

微博账号的注册既可以在PC端也可以在移动端完成，二者申请步骤一样，现以网页端为例进行账号建立的学习。

步骤1：在浏览器中输入新浪微博的官方网址（https：//weibo.com/），进入新浪微博官方网站。

步骤2：在新浪微博首页，点击“立即注册”，进入填写资料页面，如图3－1、图3－2所示。

步骤3：官方默认是手机号注册，也可以选择邮箱注册。点击“邮箱注册”后进入页面，填写邮箱账号，设置账号密码，输入验证码，然后点击“立即注册”，如图3－3所示。

图3－1　微博注册页面

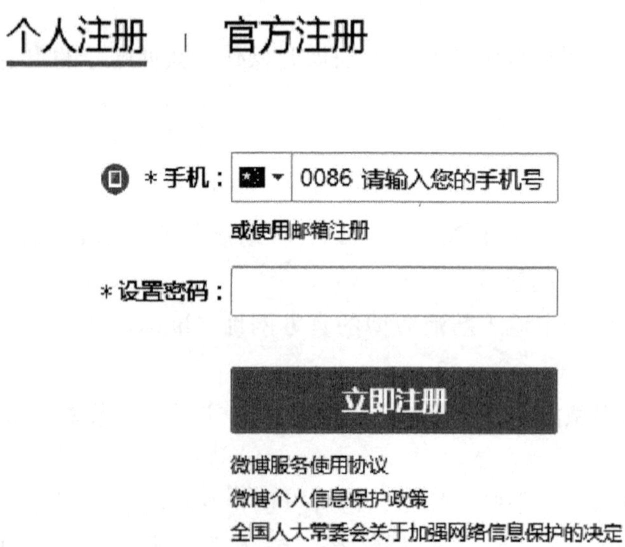

图3－2　注册信息填写

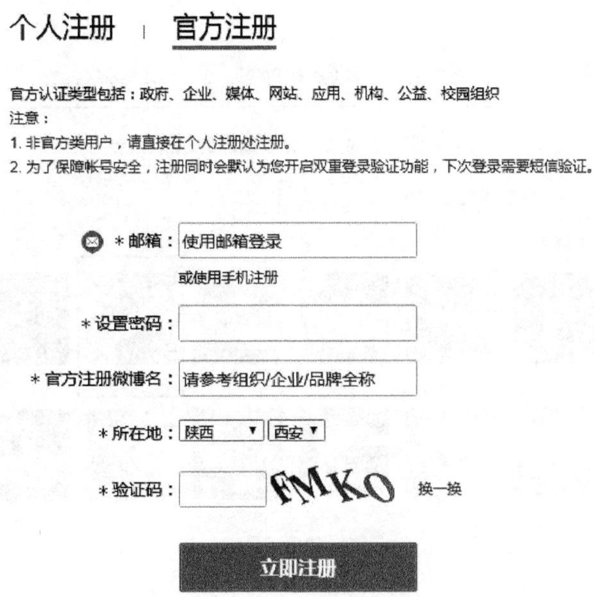

图 3－3　用邮箱注册微博

步骤 4：进入页面后，填写用户昵称、年龄、性别、所在地，点击进入兴趣推荐，如图 3－4 所示。

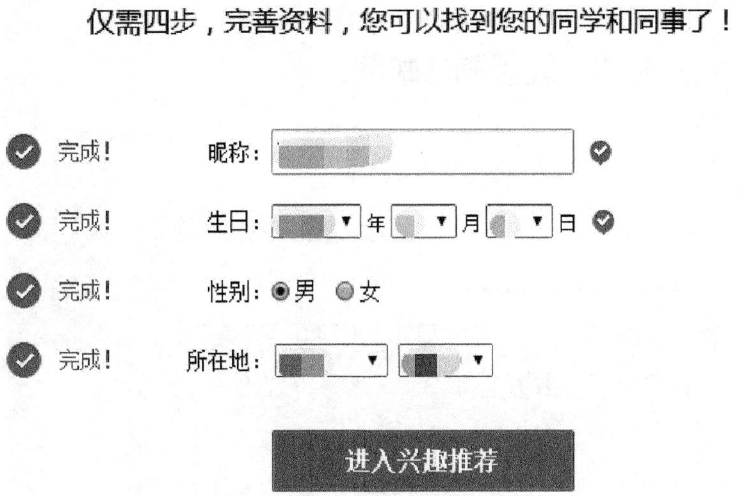

图 3－4　填写用户基本信息

步骤 5：进入到兴趣推荐后，至少要选择 1 个兴趣才可以进入微博。选择个人感兴趣的板块，随后点击进入微博，如图 3－5 所示。

步骤 6：进入微博，需要点击“激活账号”，微博官方会给注册邮箱发一封邮件，点击激活链接才能成为正式的微博会员，这样才算真正拥有一个微博账号，如图 3－6 所示。

图3-5　选择兴趣推荐

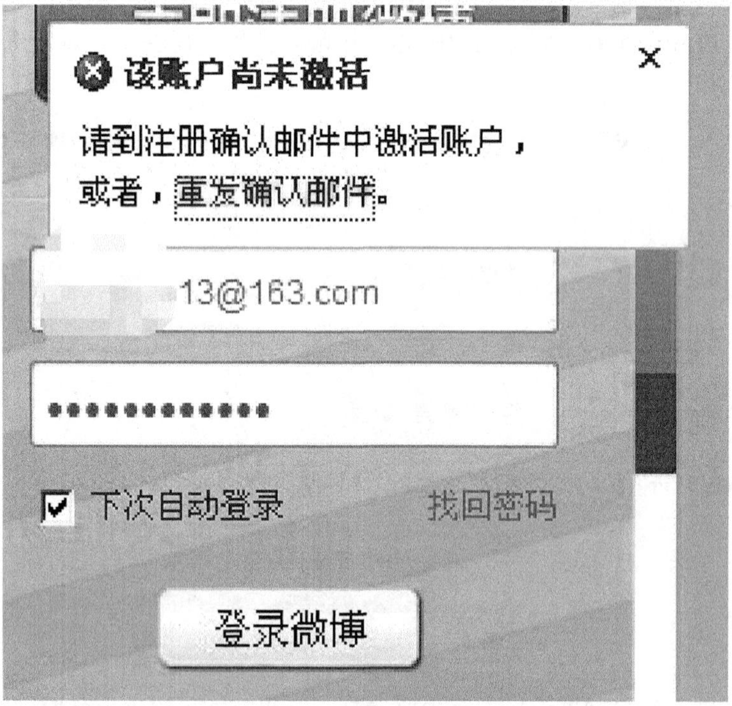

图3-6　激活微博账号

二、微博信息的完善

在完成微博的注册后，紧接着是完善相关信息。在编辑个人信息时，头像、昵称、简介、标签是最为重要的信息内容，这些信息直接影响着用户的信任度及关注度。

步骤1：微博头像的设置。微博头像是较能直接反应微博内容的个人信息之一。在设置微博头像时，如果是个人应使用真实的个人照片或与产品相关的图片；如是企业，则应使用企业Logo。微博头像设置的具体操作步骤如下。

①进入微博主页。进入微博页面（https：//weibo. com/），输入账号、密码，点击"登录"进入微博主页。

②进入头像编辑页面。点击微博页面右上角的昵称，进入个人主页，点击微博头像，进入头像编辑页面，如图3－7所示。

图3－7　图像编辑页面

③设置头像。头像的设置根据图片来源的不同，分为本地上传和微博相册两种方式，其中本地上传最为常用。选择"本地上传"后点击"选择图片"，选好图片后，调整图片的位置，点击"确定"完成设置。这里选择以营销产品罗汉果为头像，如图3－8所示。

步骤2：微博昵称的设置。微博昵称是用户对微博账号的第一印象，好的微博昵称不仅有助于吸引用户进入微博，用户也可以通过搜索昵称中的关键词查找到感兴趣的微博，从而增加微博的关注量。

图 3－8 头像设置调整页面

设置以营销推广为目的的微博昵称时，需要注意两点：一是微博昵称与微博定位的统一，简而言之，就是通过微博昵称就能知道该微博的内容倾向；二是微博昵称简洁易记，不含生僻字符或特殊符号，便于用户主动搜索，更易推广和传播。此处开通的微博账号是为线上店铺进行营销的，其中有几个关键词，如“广西”“水果”“罗汉果”等，结合这几个关键词，可将微博名称设置为“罗汉果时间”，如图 3－9 所示。

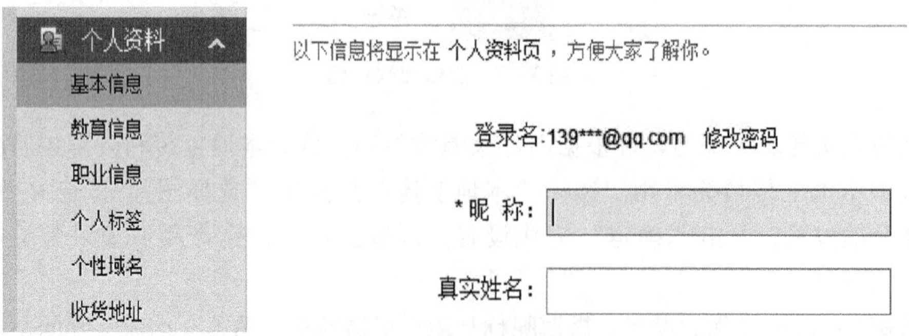

图 3－9 微博昵称设置

步骤 3：个人标签的设置。微博标签是微博用户可以自行设置的一种标识用户属性的词条。通过微博标签的这一特点，微博用户可以根据所经营产品的特点贴上相应的标签，以此吸引与产品特性相对应的用户并引发关注，从而了解这些用户的需求。

设置标签关键词时，可以用有热度、有搜索量，或者与自身产品和要营销的内容相关联的关键词，以此来提升关键词搜索排名，增加展现机会，从而达到增粉的目的。如可设置广西水果、罗汉果等，如图 3－10 所示。

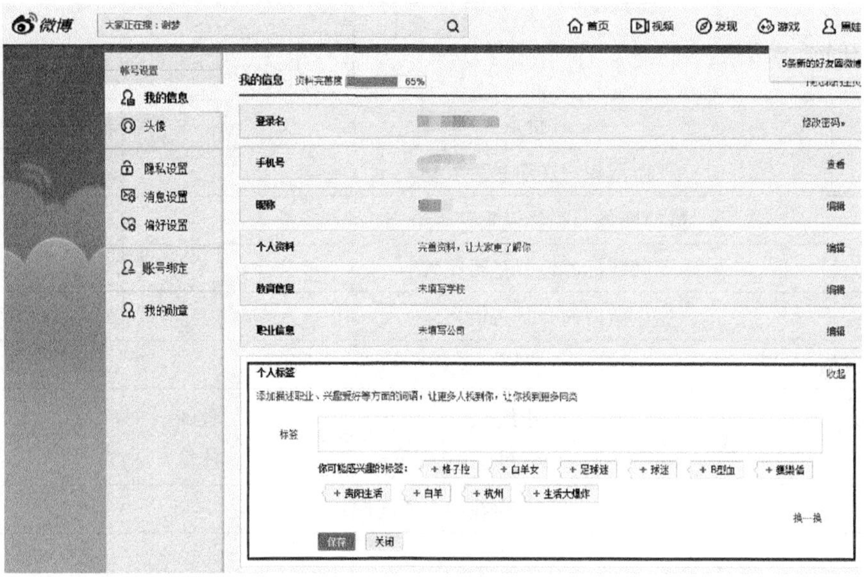

图 3－10　微博标签设置

步骤 4：填写微博简介。微博的简介，就是对微博内容的简单介绍，这是帮助用户了解微博的入口。但是，受页面大小的限制，微博简介不能显示太多内容，所以在编写简介时尽可能用一句话说明微博的主题内容或对自己的介绍，以便用户阅读。比如，我们开通的微博主要以宣传网店的农产品为主，就可以在微博简介中直接明了地体现，如图 3－11 所示。

图 3－11　微博介绍

任务总结

本小节主要讲解了微博账号的建立过程，致力于培养学生独立完成微博账号的建立及完善微博信息的能力。本节内容是微博运营的基础内容，在学习过程中，需要认真阅读教材，并完成实践操作。

任务评价

<table>
<tr><th colspan="6">任务评价表</th></tr>
<tr><td colspan="2">任务完成方式</td><td colspan="4">□小组协作完成
□个人独立完成</td></tr>
<tr><td colspan="5">评价点</td><td>分值</td></tr>
<tr><td colspan="5">微博账户注册是否成功</td><td>40</td></tr>
<tr><td colspan="5">微博图像及昵称设置是否恰当</td><td>30</td></tr>
<tr><td colspan="5">微博标签设置是否完善</td><td>10</td></tr>
<tr><td colspan="5">微博简介是否恰当</td><td>20</td></tr>
<tr><td colspan="6">任务总成绩：</td></tr>
<tr><td>自我
评价</td><td>（20%）</td><td>小组
评价</td><td>（20%）</td><td>教师
评价</td><td>（60%）</td></tr>
<tr><td colspan="6">存在的主要问题</td></tr>
<tr><td colspan="6"></td></tr>
</table>

任务二　微博活动策划与实施

任务前导

微博活动主要通过现金或者实物的奖励吸引用户参与活动，从而达到账号推广、增加用户关注数、推广产品或服务的目的。接下来我们将通过具体的活动设计来实现广西罗汉果的微博营销，这里需要提前对微博活动的各项细则进行策划，以便顺利实施营销活动。

任务实施

微博活动策划与实施，将从策划、实施两个方面展开。

一、微博活动策划

活动实施需要有活动方案的支撑，具体策划步骤如下。

步骤1：明确活动目的。一般来讲微博活动的目的有产品推广、品牌推广、吸引用户关注等，微博用户需要结合自己的具体情况确定微博活动的目的。

任务一创建微博账户“罗汉果时间”，旨在提高“罗汉果时间”的用户关注数，并进一步推广网店的罗汉果。

步骤2：确定活动主题。简单来说就是微博活动的题目，设置微博活动主题是为了营造一个更好的活动氛围，吸引用户积极参与微博活动，因此微博活动的主题要紧贴用户的兴趣点，突出活动内容和奖励机制，引发用户好奇心，激发其参与热情。

结合具体的活动目的及罗汉果本身甘甜清香的特质，将本次活动主题定为“甜蜜的事业——罗汉果、现金免费送活动”。

步骤3：确定活动时间。在确定了微博活动的主题后，就需要确定微博活动的时间。为了保证微博活动的质量，需要制定合理的活动时间。微博活动的时间不宜过长也不宜过短，如果时间过长，用户会对活动失去新鲜感，而时间过短又会导致参与活动的粉丝数量偏少，因此选择恰当的活动时间，是微博活动成功的保证。

考虑到“罗汉果时间”是新账户，用户数量少，为了扩大传播时间和范围，所以将活动时间延长并拆分为两个时间段：从活动开始至8月16日，进行第一次抽奖活动；至8月27日，进行第二次抽奖活动。

步骤4：编写活动内容。在明确了微博活动的目的、主题、时间后，就需要通过微博活动的内容来实现活动的目的：如果微博活动的目的是产品推广，那么活动内容应该紧扣产品，将产品作为奖品；如果微博活动的目的是吸引粉丝关注，那么活动内容可以是关注抽奖或是关注有奖等。

“罗汉果时间”旨在推广网上店铺的罗汉果，并进一步吸引粉丝关注，其活动内容分别从产品罗汉果及现金红包着手，具体包含以下几点。

①从转发并关注“罗汉果时间”的用户中抽取25位幸运用户，赠送店铺罗汉果1盒。

②从转发“罗汉果时间”微博并关注的用户中抽取15位幸运用户，赠送价值25元的店铺无门槛现金券。

综合上述内容，可以得出此次微博活动的具体事项，如下表所示：

<table>
<tr><th>活动名称</th><th>平台</th><th>活动时间</th><th>奖品内容</th><th>数量</th><th>备注</th></tr>
<tr><td rowspan="2">甜蜜的事业——罗汉果、现金免费送活动</td><td rowspan="2">微博</td><td>截至8月16日</td><td>赠送罗汉果1盒</td><td>25位</td><td rowspan="2">已中奖用户不重复参与抽奖</td></tr>
<tr><td>截至8月27日</td><td>赠送25元店铺无门槛现金券</td><td>15位</td></tr>
</table>

二、微博活动实施

微博活动的各项内容策划完成后，接下来进入实施工作环节，具体步骤如下。

步骤1：微博活动内容编辑。编辑微博活动内容，应注意内容图文并茂，展现将要营销的产品罗汉果，因有网店现金券，还可附上网店链接。如图3－12、图3－13所示。

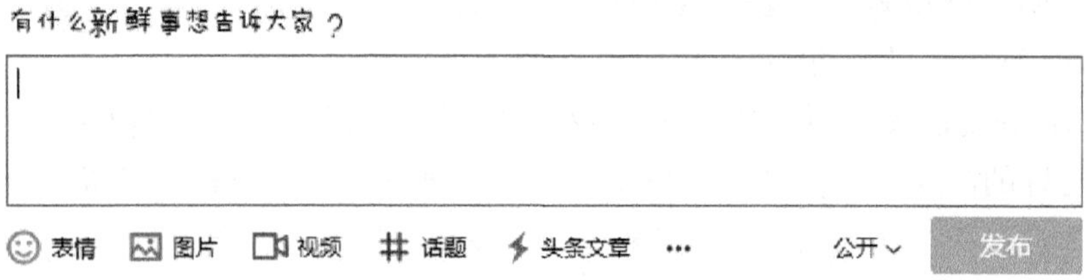

图3－12 微博发布页面

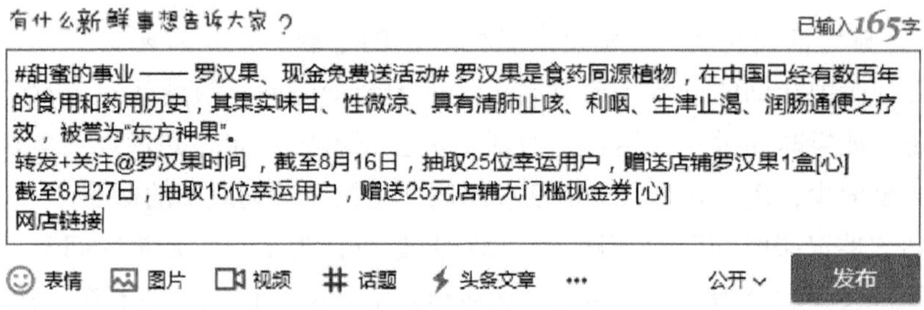

图3－13 微博内容编辑

步骤2：活动发布。微博活动要注意发布的时间，即在用户最活跃的时间段发布，以达到活动内容曝光度的最大化。为了避免被微博海量信息淹没，此次微博活动选择在21：00—22：00发布，此时大多数用户进入休闲放松状态，更乐于接受轻松的信息。具体的活动发送详情如图3－14所示。

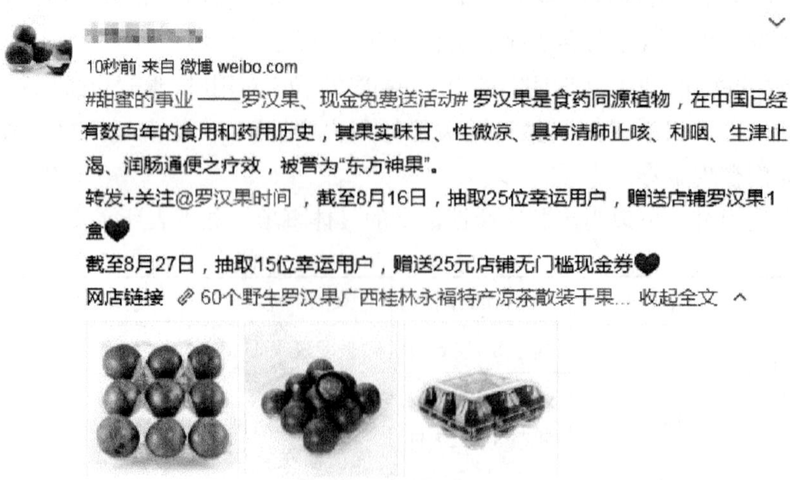

图3－14 微博活动发布

步骤3：邀请转发，加大宣传力度。微博活动发布后，积极邀请微博粉丝数量大的用户转发，加大活动宣传力度。

步骤4：活动结束，进行抽奖。微博内容发布后，在活动截止日期，进入后台抽奖页面，根据活动策划的奖项设置内容并点击抽奖，如图3－15、图3－16所示。

图3－15　微博抽奖中心1

图3－16　微博抽奖中心2

步骤5：发布获奖名单并发放奖品。确定了获奖名单，私信获奖人员以后，还应在微博发布获奖人员名单。一方面证实活动真实有效，另一方面可以与用户进行互动，增强微博影响力，为下次活动的开展创设有利条件。

任务总结

本小节主要讲解了微博活动策划与实施，通过本小节的学习，能够了解微博活动策划及实施的具体步骤。在学习过程中，要认真阅读教材，并完成实践操作。

任务评价

<table>
<tr><td colspan="6">任务评价表</td></tr>
<tr><td colspan="2">任务完成方式</td><td colspan="4">□小组协作完成
□个人独立完成</td></tr>
<tr><td colspan="5">评价点</td><td>分值</td></tr>
<tr><td colspan="5">目的是否明确</td><td>20</td></tr>
<tr><td colspan="5">主题是否清晰</td><td>20</td></tr>
<tr><td colspan="5">内容编写是否完成</td><td>20</td></tr>
<tr><td colspan="5">实施是否完成</td><td>40</td></tr>
<tr><td colspan="6">任务总成绩：</td></tr>
<tr><td>自我
评价</td><td>（20%）</td><td>小组
评价</td><td>（20%）</td><td>教师
评价</td><td>（60%）</td></tr>
<tr><td colspan="6">存在的主要问题</td></tr>
<tr><td colspan="6"></td></tr>
</table>

延伸练习

背景：

广西螺蛳粉可以说是目前的“网红”产品，小刘的网店经营某品牌螺蛳粉，但近两个月来，店内螺蛳粉订单增长乏力，小刘计划策划一场微博活动，在宣传品牌的同时，进一步提升螺蛳粉销量。

步骤分解：

（1）结合网店情况，明确通过微博活动想要达到的目的。

（2）进一步确定活动主题和活动具体的时间。

（3）按照微博发文规范，编写活动内容。

（4）完成微博活动内容的发布。

任务三　运营数据分析

任务前导

微博账号的运营离不开数据的监控与分析，因此，在罗汉果抽奖活动结束后，需要对微博账户中相关数据进行收集与分析，以便掌握活动效果和微博的整体运营情况并及时调整，下面进行具体步骤的讲解。

任务实施

微博运营数据分析，可以分以下两个部分展开操作：微博运营数据收集、微博运营数据分析。

一、微博运营数据收集

常见的微博数据收集及分析工具有微博数据助手、微指数，其中微博数据助手是微博官方为用户提供的针对微博账号运营数据的分析工具，微指数是微博官方以微博全网数据为基础为用户提供的关键词数据分析手机工具，如图 3－17 所示。

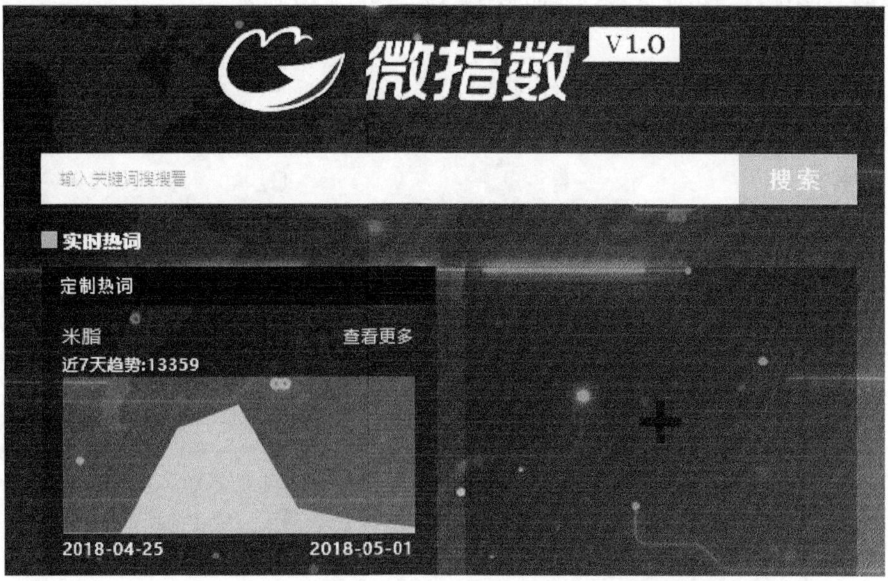

图 3－17　微指数页面

本任务主要分析微博活动的运营数据，因为微博官方提供的数据助手较细致、精准，接下来以数据助手为例讲解此次微博活动的数据收集及分析。

步骤 1：进入微博管理中心，点击“数据助手”，如图 3－18 所示。

图 3－18　微博数据助手

步骤 2：进入数据助手页面，可查看此次微博活动后，各项数据的具体变化，如净增粉丝数、阅读数、转评赞数等，如图 3－19、图 3－20 所示。

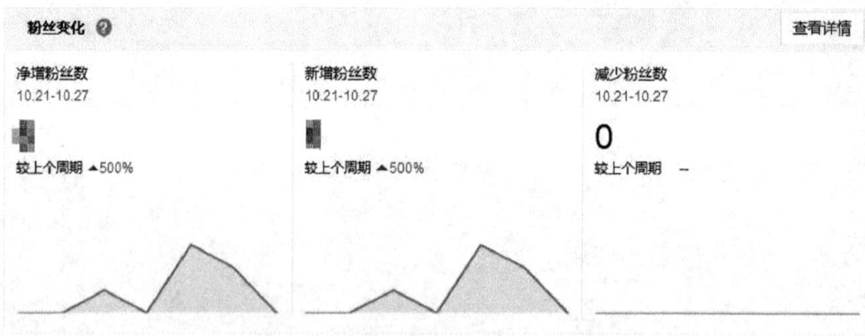

图 3－19　活动后微博粉丝变化指标

图 3－20　活动后微博博文指标

将微博活动后的关键数据，填入下列表格。

数据项目	数据统计
净增粉丝数	
减少粉丝数	
微博阅读数	
转评赞数	

二、微博运营数据分析

微博营销并不是一劳永逸的营销方式，只有持之以恒的维护和优化，才能持续给企业或个人创造价值。在进行了系统的数据统计后，需要对运营数据进行分析，其中有两种较为实用的方法：

方法1：分别将通过微博数据助手统计的活动前后关键数据进行列表对比，如粉丝数、微博阅读数、转评赞数等，完成下表。

数据项目	活动前数据	活动后数据	数据对比
粉丝数			
微博阅读数			
转评赞数			

将活动前数据与活动后数据进行对比，如果粉丝数增长明显的同时，转评赞数也呈现稳定增长状态，说明此次活动较为成功，可在随后持续跟进。如果粉丝数增长不明显，甚至有可能流失部分粉丝，可通过与转评微博的粉丝互动，多方面了解此次活动的不足，并在之后的活动中改进。

方法2：借助微博“大数据实验室”分析单条微博的传播效果，具体步骤如下。

步骤1：登录账户，进入微博管理中心，点击“数据助手——大数据实验室”，进入微分析页面，如图3－21所示。

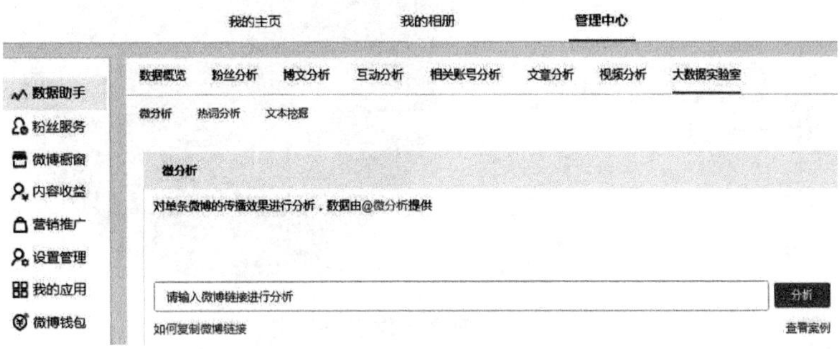

图3－21　微博大数据实验室

步骤2：输入罗汉果活动微博的链接，点击“分析”。

步骤3：得出分析结果，可以清晰了解目标微博的有效转发数、覆盖人次，甚至转发者和评论者的覆盖地域、性别分析等，如图3－22、图3－23、图3－24、图3－25、图3－26所示。

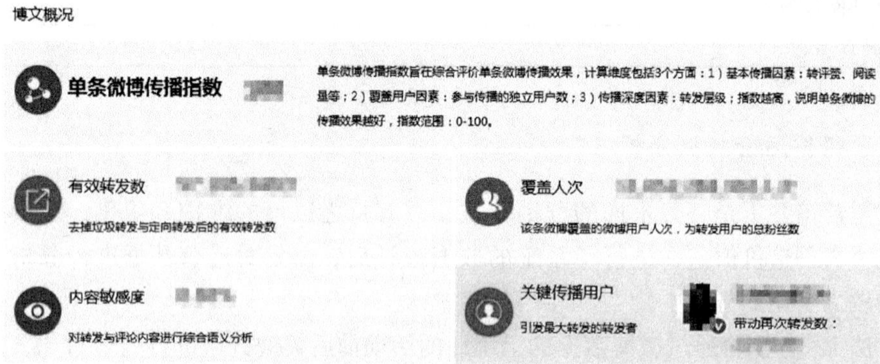

图3－22　单条博文概况

地域TOP5	
重庆	12.10%
广东	9.64%
海外	8.87%
浙江	8.07%
北京	7.55%

图3－23　博文转发者地域分析

地域TOP5	
重庆	21.01%
广东	14.39%
海外	11.36%
浙江	6.35%
江苏	5.69%

图3－24　博文评论者地域分析

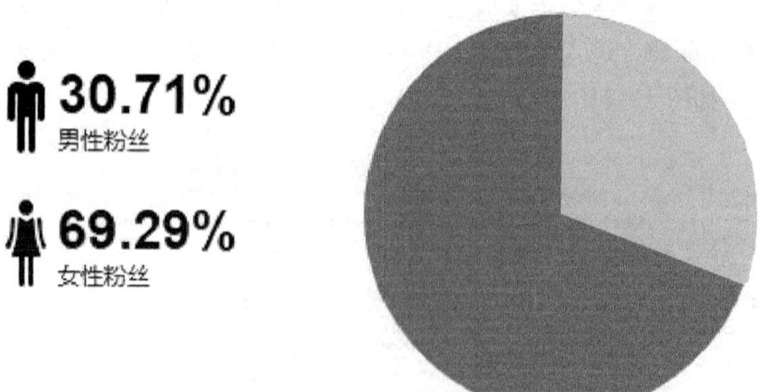

图3－25　博文转发者性别分析

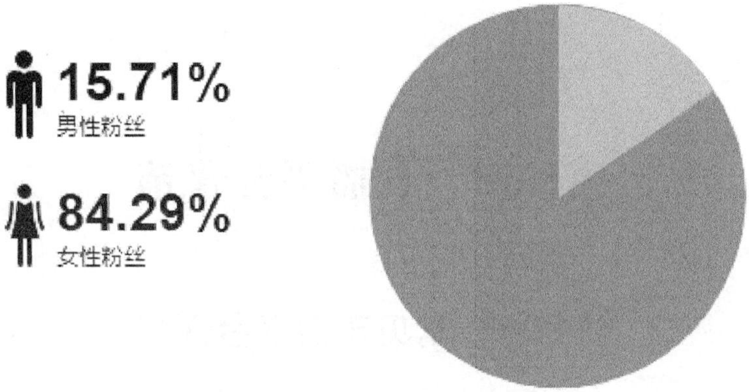

图 3－26　博文评论者性别分析

通过微分析，可以更为精准地分析单条微博的具体传播效果，并为之后的微博营销提供决策依据，但该项服务为收费项目，可根据具体预算合理选用。

任务总结

本小节主要讲解了微博运营数据的收集与运营数据的分析，通过本小节的学习能掌握数据收集及分析的方法和步骤。在学习过程中，要认真阅读教材，并完成实践操作。

任务评价

<table>
<tr><td colspan="6">任务评价表</td></tr>
<tr><td colspan="2">任务完成方式</td><td colspan="4">□小组协作完成
□个人独立完成</td></tr>
<tr><td colspan="5">评价点</td><td>分值</td></tr>
<tr><td colspan="5">微博关键数据收集是否完成</td><td>30</td></tr>
<tr><td colspan="5">历史数据对比是否准确</td><td>30</td></tr>
<tr><td colspan="5">运营数据分析是否清晰</td><td>40</td></tr>
<tr><td colspan="6">任务总成绩：</td></tr>
<tr><td>自我
评价</td><td>（20%）</td><td>小组
评价</td><td>（20%）</td><td>教师
评价</td><td>（60%）</td></tr>
<tr><td colspan="6">存在的主要问题</td></tr>
<tr><td colspan="6"></td></tr>
</table>

项目四　直播平台营销

任务一　常见直播平台介绍

任务前导

2015 年以来，最热的新媒体无疑是网络直播，利用网络直播可以销售产品、与粉丝互动或者宣传品牌，它具有传播范围广、营销成本低、实时收集粉丝意见并进行互动的特点，是当下企业和网店店主使用的主流营销方式之一。利用网络直播平台进行营销能够用较低的投入获取较高的产出。要开始在直播平台营销，首先需要选择直播平台并开通账号，接下来将以一家经营广西特产“螺蛳粉”的网店为例，展开直播平台营销内容的讲解。

任务实施

目前直播平台数量繁多，要进行直播营销，首先需要选择一个合适的平台。我们要了解各类直播平台的特点并结合螺蛳粉的推广需要进行选择，操作时，需要分以下两个部分展开：认识并选择直播平台、建立直播平台账号。

一、认识并选择直播平台

开展营销之前，需要对自身进行清晰的定位。选择直播平台时，需要根据自身定位及实际情况，选择适合进行营销的直播平台。常见的直播平台按照直播内容可以分为以下四类：游戏类直播平台、社交类直播平台、购物类直播平台以及娱乐类直播平台。

在这里，需要依据自己的网店或产品定位选择合适的直播平台。

步骤 1：了解各类直播平台特点。

①游戏类直播平台，如斗鱼、虎牙等，这类直播平台以游戏直播类为主，也有部分拓展其他领域的直播，要进行游戏类的直播，这类平台是首选。

②社交类直播平台，如映客、美拍、花椒、一直播等，这类直播平台具有良好的社交属性，而且使用较为便捷，利用手机 App 即可开启直播，进入门槛较低。

③购物类直播平台，如淘宝直播、唯品会直播等，这类直播平台主要是网红利用“直播＋电商”的方式和平台上的粉丝互动，从而达到售出商品的目的，购物类直播平台以商品销售为主且转化率对比其他类型直播平台更明显，不过进入门槛较高。

④娱乐类直播平台，如JOYY（原YY）、六间房秀场等，这类直播平台中的主播利用书法、音乐、舞蹈等才艺与粉丝互动，覆盖面广，粉丝基数大，粉丝黏性和活跃度也高。

步骤2：选择直播平台。

在了解了不同类型直播平台的详细情况后，需要选择符合自己定位的直播平台。案例中的螺蛳粉网店以产品营销为目的，选择购物类或者社交类的直播平台较为适宜。但购物类直播平台准入门槛略高，结合自身情况，最终选择社交类的直播平台开展直播营销。在社交类直播平台中，一直播平台可与微博直接关联，能够快速将直播消息分享至微博，并且在直播过程中可以将微博橱窗中的产品添加至直播页面的购物窗中，较为便捷，所以选择一直播平台作为直播营销的平台。

二、建立直播平台账号

选择好直播平台后，需要建立直播平台账号，以一直播账号的建立为例，目前可以利用新浪微博手机App或一直播App登录一直播平台，其步骤如下。

方法一：新浪微博App。

步骤1：打开新浪微博手机App，点击右上角的“加号”，如图4－1所示。

图4－1　新浪微博

步骤2：在点开的栏目中选择“直播”这一选项，如图4－2所示。

图4－2　选择直播页面截图

步骤3：首次开通直播需要完成身份验证，点击“去认证”即可完成身份验证，如图4－3所示。

图4－3　身份验证1

步骤4：在身份验证页面按要求填写姓名、身份证号等信息，如图4－4所示。填写完成后按照提示完成人脸拍摄认证，如图4－5、图4－6所示。

图4－4　身份验证2

图4－5　人脸认证1

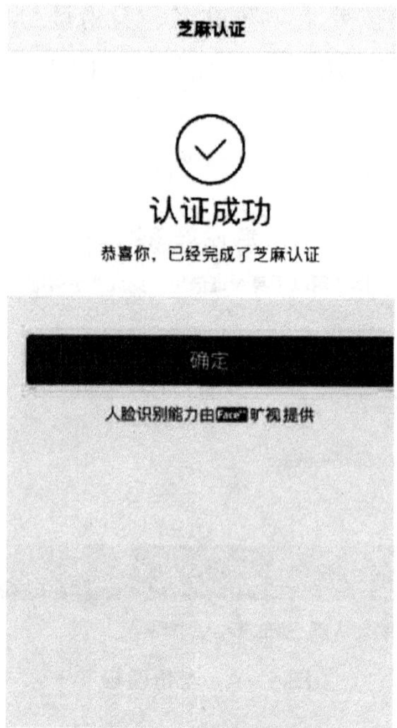

图 4－6　人脸认证 2

步骤 5：添加直播标题、封面图、话题等信息，也可分享直播信息至微信、QQ 等，如图 4－7 所示。

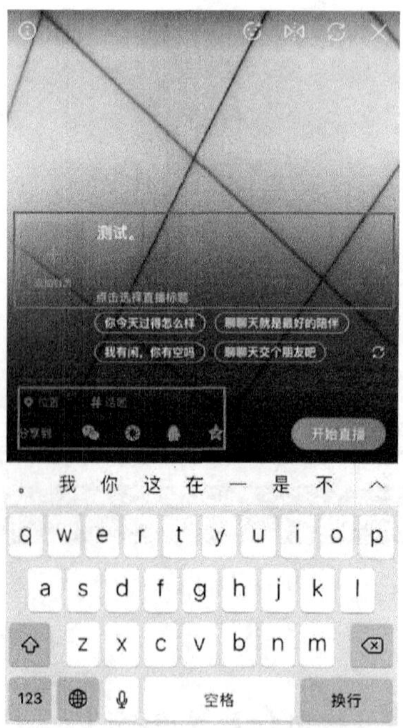

图 4－7　添加直播信息页面截图

步骤6：开始直播。完成身份验证并完善直播信息后，点击“开始直播”即可，如图4－8所示。

图4－8　开始直播界面截图

方法二：一直播App。

步骤1：打开一直播App，在App首页点击“注册账号”进行账号注册，也可利用其他社交账号如微博、微信、QQ等直接登录，如图4－9所示。

步骤2：注册一直播App账号。按照提示完成注册账号信息填写（注册手机号、验证码、登录密码等）、上传头像、填写昵称、选择性别等完成一直播账号注册，如图4－10至图4－13所示。

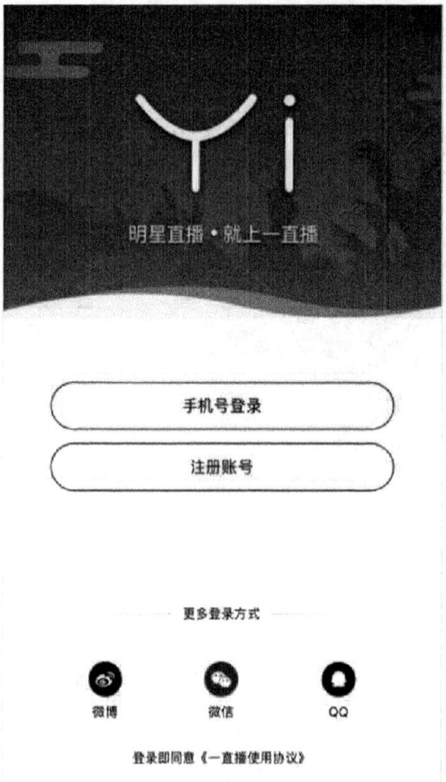

图 4－9　一直播 App 页面截图

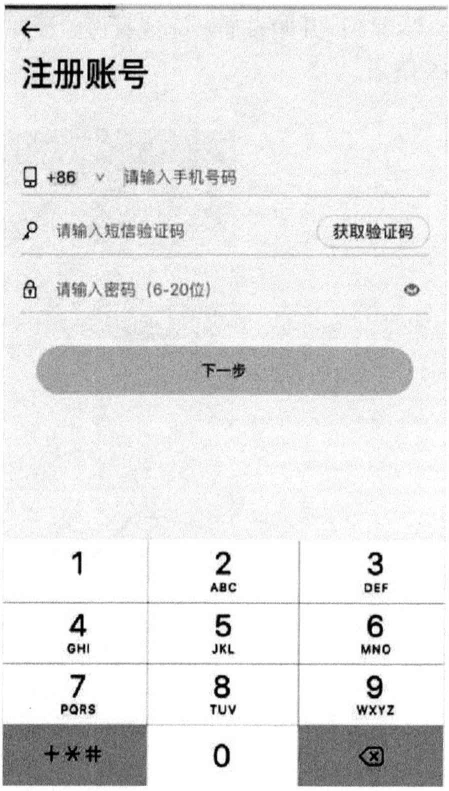

图 4－10　注册账号信息填写页面

图 4－11　上传头像

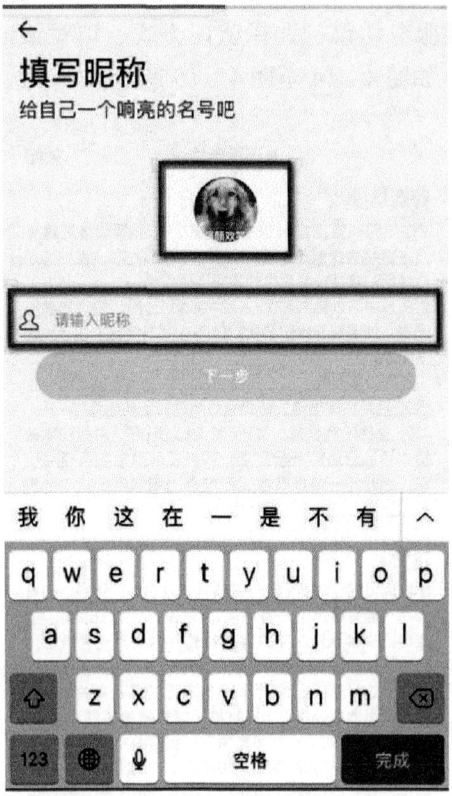

图 4-12　填写昵称

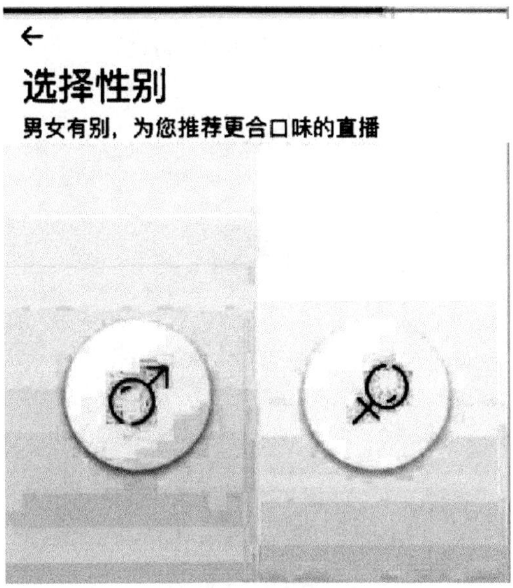

图 4-13　选择性别

步骤 3：完成一直播账号认证。账号注册完毕，若要开通直播权限还需完成账号的认证，按照提示签署直播服务协议、选择认证方式、填写认证信息（真实姓名、身份证号等）完成账号认证，如图 4 – 14 至图 4 – 16 所示。

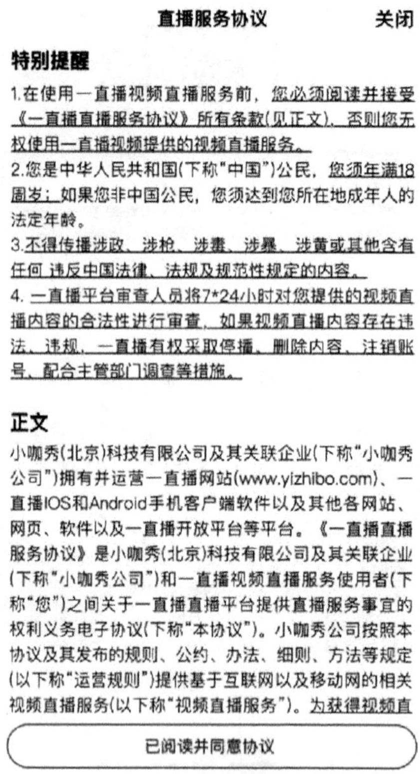

图 4 – 14　签署直播协议

图 4 – 15　选择认证方式

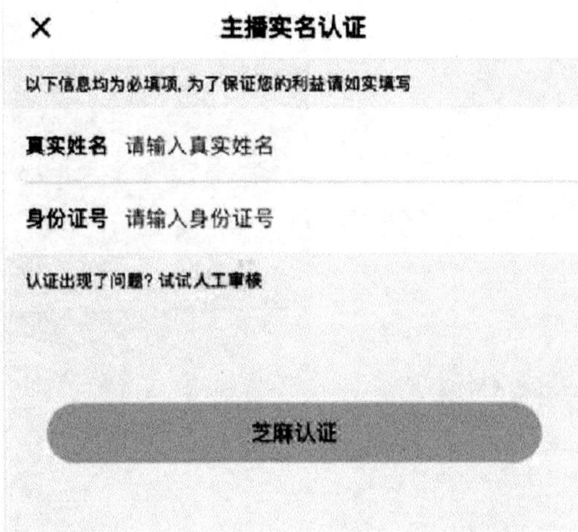

图 4－16　实名认证

步骤 4：在一直播 App 首页，点击功能栏中的“相机”按钮，如图 4－17 所示。接着点击“发起直播”按钮进入直播页面，如图 4－18 所示。

图 4－17　一直播首页页面截图

图 4－18　发起直播

图 4－19　完善直播信息

步骤 5：完善直播信息，添加直播标题、直播封面图、直播话题等，最后点击“开始直播”即可开始直播，如图 4－19 所示。

至此，直播平台的选择及直播平台账号的建立已基本完成，接下来就要开始直播内容的策划与实施。

任务总结

本小节主要介绍了直播平台的选择以及一直播平台账号的建立方式，致力于培养学生独立选择直播平台、建立直播平台账号的能力。在学习过程中，要在仔细阅读教材的基础上，完成实际操作。

任务评价

<table>
<tr><th colspan="6">任务评价表</th></tr>
<tr><td colspan="2">任务完成方式</td><td colspan="4">□小组协作完成
□个人独立完成</td></tr>
<tr><td colspan="5">评价点</td><td>分值</td></tr>
<tr><td colspan="5">直播平台类型选择正确与否（选择社交类直播平台为正确）</td><td>20</td></tr>
<tr><td colspan="5">能够使用两种方式创建一直播账号</td><td>40</td></tr>
<tr><td colspan="5">账号信息是否完善（昵称、头像）</td><td>20</td></tr>
<tr><td colspan="5">直播信息是否完善（标题、封面图、话题等添加）</td><td>20</td></tr>
<tr><td colspan="6">任务总成绩：</td></tr>
<tr><td>自我
评价</td><td>（20%）</td><td>小组
评价</td><td>（20%）</td><td>教师
评价</td><td>（60%）</td></tr>
<tr><td colspan="6">存在的主要问题</td></tr>
<tr><td colspan="6"></td></tr>
</table>

任务二　直播内容策划与实施

任务前导

确定了直播营销的平台并完成账号注册，螺蛳粉网店拥有了属于自己的直播营销平台，但这是展开直播营销的第一步。接下来，就需要对直播内容进行策划、宣传，以便达到预期的营销效果。

任务实施

直播内容策划与实施，需要分别从三个方面展开操作：直播内容策划、直播内容宣传与引导及直播活动实施。

一、直播内容策划

需要根据以下步骤完成直播内容的策划。

步骤 1：明确产品特征。明确产品定位，需要结合网店产品，挖掘产品的特色与卖点。我们是围绕网店经营的螺蛳粉进行直播营销的，可以从其食材品质、配料、包装等方面挖掘产品特点，如配料足、独立包装、口感独特、方便即食等，如图 4－20 所示。

此外，还应深入了解与产品相关的内容，这样能够在直播中更加充分、生动地介绍产品。

图 4－20　螺蛳粉特点

步骤 2：需要明确用户群体及其特征。针对网店产品，需要明确用户群及其特点，并进行记录。如可利用百度指数、阿里指数、网店生意参谋等工具，获取螺蛳粉用户群体数据并分析其特征。

《2019 淘宝吃货大数据报告》显示，袋装螺蛳粉一年卖出了 2840 万件，柳州袋装螺蛳粉2019年销售额突破60亿元。调查显示，螺蛳粉消费群体80后、90后占比最多，几乎包揽了全部的螺蛳粉网购订单，其他年龄段可“忽略不计”，其中女性占比较多。此外，研究还发现螺蛳粉的消费者职业为学生和白领。该消费群体对新奇独特产品的需求及接受度高，且讲究方便、速食，消费习惯也越来越倾向于浏览种草，关注消费品的潮属性，受KOL（Key Opinion Leader，关键意见领袖）、明星带货影响较大。以上是借助互联网收集整理的螺蛳粉用户群体特征。

此外，结合百度指数各省份螺蛳粉消费者回购数据可以看到，用户占比排名靠前的大都是南方地区，如广东、江苏、浙江等，如图4－21所示。

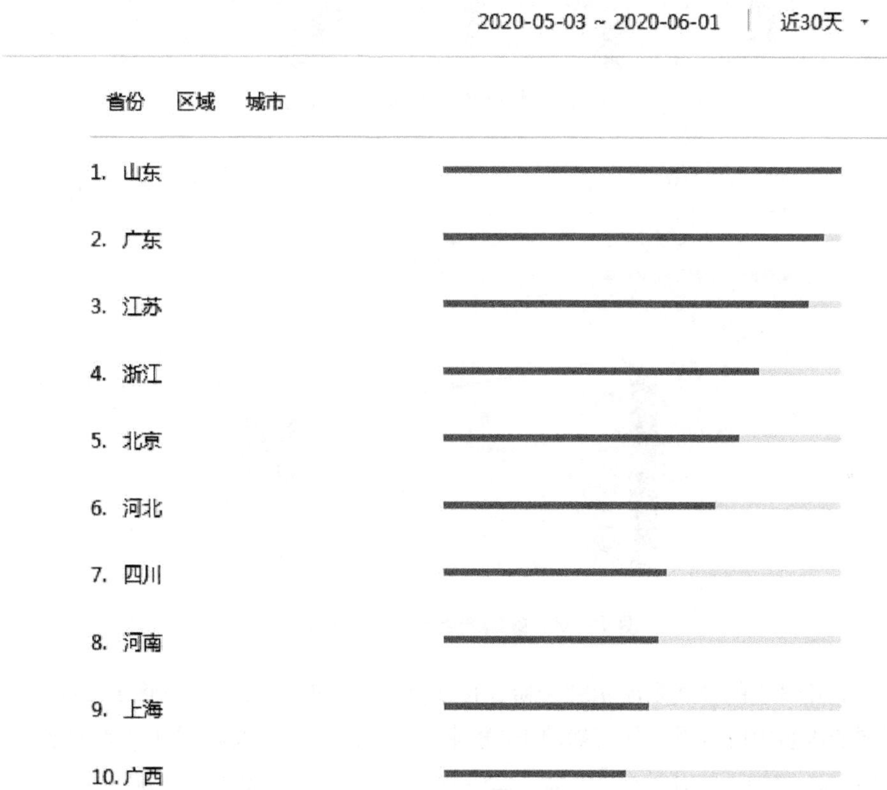

图4－21　螺蛳粉百度指数地域分布

同时，通过百度指数还可以了解到，螺蛳粉的用户群体男女占比相对均衡，但年龄差异较大，以20～29岁、30～39岁这两个年龄段为主力消费群体，如图4－22、图4－23所示。

步骤3：确定直播方式。直播方式可以根据产品特性来决定，如食品类产品可以通过直播试吃来展示产品，服装类产品则可通过试穿来展示产品，美妆类产品可以通过试用的方式等。我们要推广的产品是螺蛳粉，就可以利用直播试吃的方式来展示产品。

步骤4：确定直播内容。根据确定的直播方式以及预期直播时间来规划直播的内容。

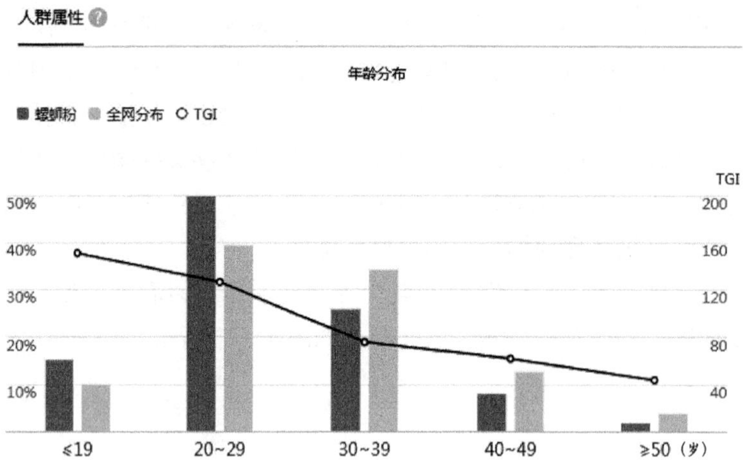

图 4－22　螺蛳粉百度指数人群属性 1

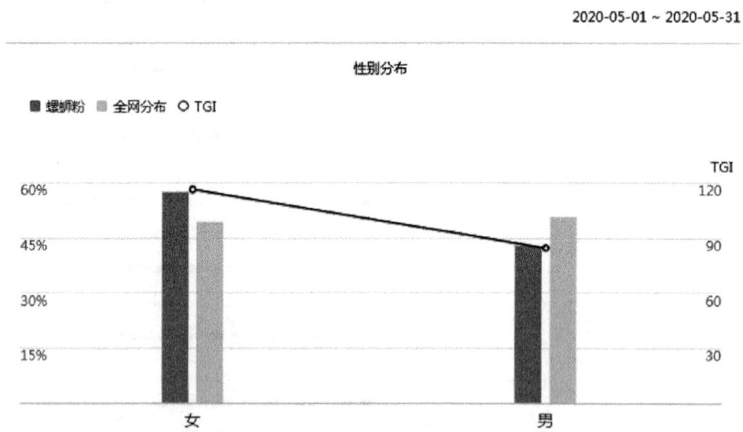

图 4－23　螺蛳粉百度指数人群属性 2

选择利用试吃的方式来展示螺蛳粉，预期直播 1 小时，那么可以将 1 小时进行分解，填充不同的内容用以直播，如直播前 10 分钟做一个预热，可以利用才艺表演的方式聚集人气，10～25 分钟正式开始介绍产品，25～40 分钟开始制作螺蛳粉，40～60 分钟直播试吃并讲述试吃心得，而且直播期间的互动节目、救场话术、打赏话术等也需要进行准备。

步骤 5：确定直播时间。20 点至 22 点是直播的黄金时段，这段时间大多数人都会利用空闲时间观看直播，可以选择这个时间段内的某段时间进行直播。

二、直播内容宣传与引导

需要根据以下步骤完成直播内容宣传与引导的操作。

步骤 1：确定宣传渠道。可利用微博、贴吧、微信公众号等进行宣传推广，在选择推广渠道时需要了解各类渠道的特点。

①微博：支持文字、图片、图文结合、视频等方式，在发布宣传信息时可以加上话题来增进传播量，也可通过转发抽奖等活动增加转发量。

②贴吧：贴吧用户追求个性，兴趣广泛，对自己感兴趣的事物会有较高的投入，在发布帖子时可以多使用一些网络流行语拉进关系，并及时回复留言、置顶帖子等，保证帖子的展现。

③微信公众号：公众号是利用每天推送的信息进行推广的，由于推送条数限制，在利用微信公众号进行推广时，可以在每天推广的文章中穿插直播的信息。

步骤 2：编写宣传软文或制作宣传海报。根据不同推广渠道的特征，编写推广软文或者制作宣传海报，对直播活动进行推广宣传，软文或者海报中要明确直播时间、直播内容、利益点并附上直播间地址链接或者二维码等。

三、直播活动实施

需要根据以下步骤完成直播活动的操作。

步骤 1：根据本次直播内容、产品特点以及用户特征，选择合适的主播。可以选择活泼开朗、善于表达、有一定动手能力的人作为主播。

步骤 2：完成直播场景布置及直播所需物品准备，如螺蛳粉、烹饪工具、才艺表演道具、直播服装等。

步骤 3：准备妥当后进行一次预演，找出直播时可能遇到的问题，及时解决，以保证直播顺利进行。

步骤 4：根据直播实施节点，准备预热所需的软文、图片等，并及时进行宣传引流。

步骤 5：正式开始直播，主播打开一直播 App，填写直播标题、添加直播封面图后开始直播：根据之前确定的方案，先通过一段才艺表演进行预热，聚集人气，之后开始介绍螺蛳粉，从产品原料、配料、包装、产地等方面按照之前挖掘出的特点介绍；随后开始制作螺蛳粉，并在制作过程中与粉丝互动；最后试吃螺蛳粉，与粉丝交流试吃感想并引导粉丝点击直播页面购物窗，提醒粉丝关注直播间，关注下次直播，如图 4－24 所示。

图 4－24　直播画面截图

步骤6：收集本次直播中出现的问题以及粉丝提出的问题，以供下次改进。

步骤7：将直播视频通过其他媒体渠道进行分享，形成二次传播。

任务总结

本小节主要讲解了直播内容策划及实施的方法，重点培养学生针对产品进行直播内容策划的能力。在学习过程中，要重点掌握产品卖点挖掘、用户群体特征归纳的方法，确定直播方式与内容的方法，了解不同类型推广渠道的特点，能够根据渠道特点制作相关推广软文或图片，在仔细阅读教材的基础上，完成实际操作。

任务评价

<table>
<tr><th colspan="6">任务评价表</th></tr>
<tr><td colspan="2">任务完成方式</td><td colspan="4">□小组协作完成
□个人独立完成</td></tr>
<tr><td colspan="5">评价点</td><td>分值</td></tr>
<tr><td colspan="5">产品定位是否清晰</td><td>10</td></tr>
<tr><td colspan="5">用户群定位与分析是否准确</td><td>10</td></tr>
<tr><td colspan="5">直播方式选取是否合适</td><td>10</td></tr>
<tr><td colspan="5">直播内容制定是否合理</td><td>20</td></tr>
<tr><td colspan="5">直播时间确定是否合理</td><td>10</td></tr>
<tr><td colspan="5">宣传与引导渠道选择是否合适</td><td>10</td></tr>
<tr><td colspan="5">宣传软文、图片制作是否满足不同渠道需求</td><td>10</td></tr>
<tr><td colspan="5">实施过程是否完整</td><td>20</td></tr>
<tr><td colspan="6">任务总成绩：</td></tr>
<tr><td>自我
评价</td><td>（20%）</td><td>小组
评价</td><td>（20%）</td><td>教师
评价</td><td>（60%）</td></tr>
<tr><td colspan="6">存在的主要问题</td></tr>
<tr><td colspan="6"></td></tr>
</table>

延伸练习

背景：

壮锦是广西壮族地区一项较具代表性的民族手工艺品，也是中国四大名锦之一。小可的网店经营以广西壮锦为特色的收纳布袋，均为手工缝制。为了让这项传统工艺被更多年轻用户知晓并进一步提高网店销量，小可计划利用当前比较热门的直播平台展开营销推广。

步骤分解：

（1）以此网店为背景进行产品定位与用户群体特征分析。

（2）针对产品特性，确定直播营销可采用的形式。

（3）做出直播内容计划表。

（4）根据计划列表准备素材并撰写文案。

（5）直播实施。

任务三　直播营销复盘

任务前导

完成内容策划及实施后，接下来需要进行直播营销的复盘。及时对营销活动进行复盘能够帮助我们更好地了解营销活动的营销效果。在复盘过程中，拆分各个单元的活动，找出优势或不足，为以后展开类似营销活动提供参考依据。

任务实施

直播营销复盘可以从以下两个方面分别实施：直播营销数据分析及直播营销总结与提升。

一、直播营销数据分析

步骤1：直播数据收集及分析。利用一直播平台收集直播时的数据，如新增粉丝数、观看人次、评论数、直播获得礼物数、直播热度等数据，每次直播结束后系统会自动弹出本次直播的一些数据，如图4－25所示。

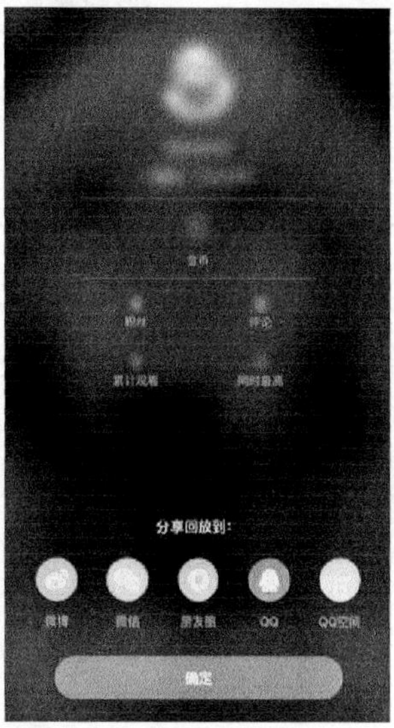

图4－25　直播数据

如果在直播中添加了商品信息，那么还需要利用微博橱窗收集商品成交信息，进入微博后台，在“管理中心”模块下的左侧导航栏中选择“微博橱窗”即可查看相关订单信息，如图 4－26 所示。

图 4－26　微博橱窗数据

将收集好的数据进行整理，绘制如下表格，观察其变化趋势。

直播数据	
新增粉丝数	
观看人次	
累计观看	
最高观看	
打赏礼物数	
评论数	
商品成交数	

步骤 2：收集并分析二次传播数据。收集微信、微博、贴吧论坛等二次传播的数据，如微博的转发数、评论数、点赞数，微信的阅读数、评论数、点赞数等，并填写下列表格。

微博二次传播数据	
转发数	
评论数	

续　表

微信二次传播数据	
点赞数	
阅读数	
评论数	
点赞数	

二、直播营销总结与提升

步骤1：回顾目标。每个营销活动开始之初，都会设立一个目标，然后将目标细化分配成若干个任务，并逐步完成每个任务以实现最初的目标。复盘时也需要回顾目标，确定目前所做的结果是否与原目标相符，可以通过回答下表中的问题来还原最初的目标与想法。

回顾目标	
进行直播营销的目的	在规定时间内完成直播营销
本次直播营销的目标	利用直播营销推广螺蛳粉
直播营销的计划是什么	请主播试吃并推广螺蛳粉

步骤2：评估结果。根据最初制定的目标和最终收集到的数据进行对比，评估营销完成情况，并记录直播营销时出现的问题。

评估目标	
直播营销目标完成度	基本按照最初要求完成
实际存在的问题	（1）观看人数少； （2）互动效果不好 ……

步骤3：分析原因。针对步骤2中发现的问题进行分析，分析时不用细化到每个步骤，主要寻找问题出现的原因，避免浮于表面的思考。在思考中学会总结出根本原因，才能把经验运用到下次营销活动中。分析原因时可以从内因、外因两个部分进行。

<table>
<tr><th colspan="2">分析原因</th></tr>
<tr><td>内因</td><td>（1）直播营销计划做得不够详细、互动节目准备不够充分以及测试时不够细致，导致后期互动出现问题，影响了营销效果；
（2）前期直播宣传引流工作没做好，未能为直播造成良好势头，导致参与人数过少</td></tr>
<tr><td>外因</td><td>直播账号较新，累计粉丝数量较少</td></tr>
</table>

步骤 4：总结经验。通过前三步的积累，纵观整个营销过程，总结出各方面的经验如下。

（1）如果对传播节奏的把控，包括直播前期的预热、直播中的互动、直播后期的二次传播等足够紧凑，不会出现较大的空当，影响传播效果。

（2）对于直播内容的规划，包括直播时间、地点、人物、场景、事件等如果尽可能地详细，则可以保证直播内容与目标的契合度。

（3）互动方式，可以采用多样式的互动方式，如讲段子、才艺展示、竞猜、发红包等多种形式相结合，尽量减少直播时出现冷场的情况，并在直播时鼓励用户分享直播链接，为直播聚集更多的人气。

（4）注重直播的内容质量，输出对用户有价值的内容。

任务总结

本小节主要讲解了直播营销复盘的方法及步骤，重点培养对营销进行数据分析、总结的能力。在学习过程中，需要重点掌握营销数据收集及复盘总结的方法。

任务评价

<table>
<tr><th colspan="3">任务评价表</th></tr>
<tr><td>任务完成方式</td><td colspan="2">□小组协作完成
□个人独立完成</td></tr>
<tr><td colspan="2">评价点</td><td>分值</td></tr>
<tr><td colspan="2">直播数据收集是否准确</td><td>20</td></tr>
<tr><td colspan="2">二次传播数据收集是否准确</td><td>20</td></tr>
<tr><td colspan="2">营销结果收集是否全面</td><td>20</td></tr>
</table>

续　表

<table>
<tr><td colspan="6">任务评价表</td></tr>
<tr><td colspan="5">评价点</td><td>分值</td></tr>
<tr><td colspan="5">复盘过程中问题产生的原因分析是否清晰</td><td>20</td></tr>
<tr><td colspan="5">复盘过程中经验总结是否有效</td><td>20</td></tr>
<tr><td colspan="6">任务总成绩：</td></tr>
<tr><td>自我
评价</td><td>（20%）</td><td>小组
评价</td><td>（20%）</td><td>教师
评价</td><td>（60%）</td></tr>
<tr><td colspan="6">存在的主要问题</td></tr>
<tr><td colspan="6"></td></tr>
</table>

项目五　QQ 营销

任务一　QQ 部落营销

任务前导

QQ 部落又叫兴趣部落，是 QQ 推出的一款主要在移动端运营的主题社区。兴趣部落凭借 QQ 庞大的用户群体和兴趣标签推荐机制，拥有巨大的营销推广潜力。借助兴趣部落进行产品、品牌推广，可以帮助企业宣传产品、增进互动，让企业更加了解用户的想法。那么，如何开展兴趣部落营销？我们将以广西当地特产——恭城油茶为例，讲解兴趣部落的营销，如图 5－1 所示。

图 5－1　恭城油茶

任务实施

兴趣部落的营销主要包括营销策划、营销推广和营销维护三个部分，其中兴趣部落营销策划决定了后期营销推广的方向，是非常重要的环节。

“油茶”是广西客家人的传统食品，是广西恭城较为有名的特产之一。恭城油茶凭借其繁复的制作工艺和独特的口感，赢得了广大消费者的认可。现在为了将恭城油茶推向全国，我们选择兴趣部落作为媒介进行品牌和产品宣传，为此需要制订一个策划方案，为后期的推广营销提供方向。

一、QQ 部落营销策划

兴趣部落的营销策划具体包含了确定营销目标、确定推广人群及确定推广内容三个方面。一般通过兴趣部落进行营销推广，目的有品牌推广、淘宝店铺引流、评论互动；确定推广人群指的是推广范围的确认，在兴趣部落中推广范围的选择指的是部落的选择和话题的选择；确定推广内容指的是推广核心内容的确认及推广形式的确认。

确定营销目标、确定推广人群及确定推广内容是兴趣部落营销策划的内容，同时也是营销策划的步骤。接下来我们以恭城油茶为营销对象完成兴趣部落的营销策划。

步骤 1：确定营销目标。通过兴趣部落能够实现的营销目标主要有品牌推广、网店引流、评论互动，在确定运营目标时，可借助百度指数、阿里指数、微指数等大数据工具分析恭城油茶的市场认知度、销量及用户口碑三个方面，从而确定运营目标。

恭城油茶属于广西地方特产，产品认知度不高，借助百度指数工具分析，如图 5－2 所示，“恭城油茶”搜索量较低，且主要集中在广西和广东地区，因此恭城油茶应以产品认知推广作为营销的首要目标。

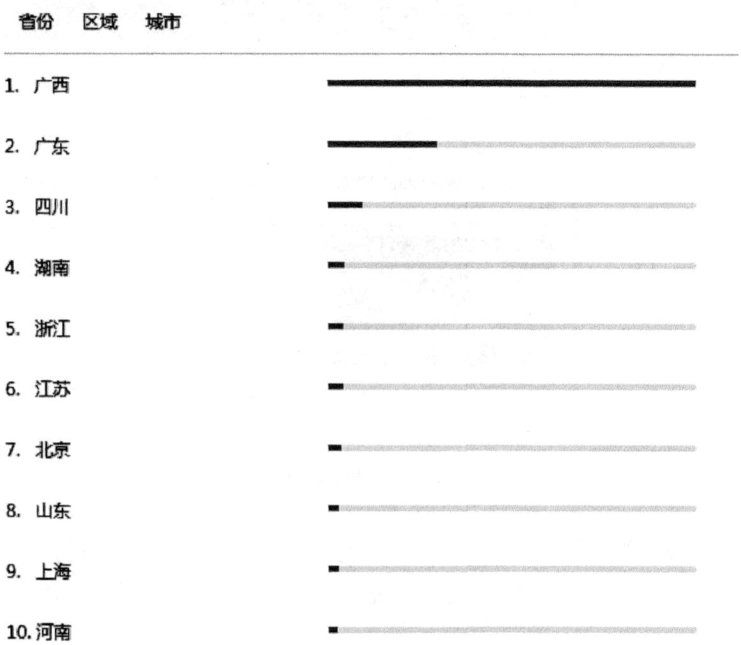

图 5－2　百度指数地域分析

请借助百度指数（http：//index. baidu. com/），对恭城油茶进行分析并完成下表。

分析项目	分析结论
趋势分析	
需求分析	
咨询分析	
人群分析	

步骤2：确定推广人群。在兴趣部落中，推广人群的确定就是部落（社区群）的选择，QQ兴趣部落下设有明星、游戏、影视娱乐、爱好等12个类别，如图5－3所示。每个类别下的部落都是独立的，不同的部落代表不同的群体，正确选择推广人群可以提升产品推广的效果。

图5－3　兴趣部落栏目

产品的功能特点决定产品的适用人群、消费特点等，所以需要借助大数据分析工具，如百度指数、需求图谱，对恭城油茶完成更清晰的用户画像，同时分析恭城油茶特点，完成下表。

产品特点分析	产品功能特点	
	产品包装特点	在淘宝中搜索“恭城油茶”，总结包装特点
用户画像	年龄占比	
	性别占比	
	结论	

通过上述分析我们可以知道，恭城油茶是由老叶红茶、生姜、花生粉炒制而成的广西少数民族传统美食，具有一定的养生作用，因此恭城油茶推广营销的范围应以喜爱美食、旅游及养生的人群为主。

步骤 3：确定推广内容。我们在前面明确了恭城油茶要以推广产品认知作为营销推广首要目的，也明白了恭城油茶的用户特点，所以接下来需要确定推广的内容。推广内容的策划一定要紧扣知名度这个目标，再结合 QQ 兴趣部落的内容呈现方式，策划出一系列相关的主题内容，如恭城油茶的历史、恭城油茶之养生作用、恭城油茶免费品尝等。

二、QQ 部落营销推广

QQ 部落营销推广包括了兴趣话题推广和兴趣部落推广两个方面，其中兴趣话题推广见效快且运营成本相对较低，应该是兴趣部落营销的重点。

1. 兴趣话题的推广

兴趣话题，即用户在部落中发表的帖子，在兴趣部落中用户只需凭借 QQ 账号登录即可在部落中发送兴趣话题，达到推广营销的目的。兴趣话题的推广步骤可以分为寻找用户聚集地、查看部落规定及编写话题内容三个步骤。

步骤 1：寻找用户聚集地。在兴趣部落中运营者根据目标用户群体的特点，预估目标用户关注的部落，通过关键词搜索和部落类目查询找到相应的部落，兴趣部落的选择除了需要考虑用户群的特点外，还需要注意部落的关注数和话题数，如图 5－4 所示。关注数和话题数的高低能够体现出部落的活跃程度。

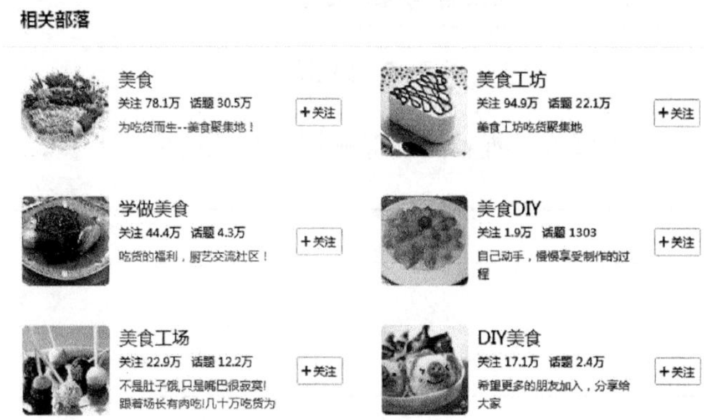

图 5－4　美食部落关注数与话题数

通过前期恭城油茶的营销策划可知，可能关注恭城油茶的用户多为喜欢美食、旅游及喜爱少数民族文化的群体，请依据这些人群的特点寻找其所在的部落，并完成下表。

部落名称	关注数	话题数	选择理由

步骤 2：查看部落规定。部落选定后为了能够顺利地发送推广话题，需要查看有关部落的发帖规定，一般而言这类规定会被置顶，如图 5－5 所示。不同的部落规定往往不同，运营者要认真阅读。

图 5－5 部落规定

这里进入自己所选的部落，查看阅读部落规定并总结填写下表。

部落名称	
部落规定	

步骤 3：编写话题内容。话题内容的编写是兴趣部落推广的核心技能，主要包括了标题和内容两个部分。

标题是用户最先看到的，会对后期的阅读量产生影响，编写时，首先要能够体现出话题的主题；其次标题应留有悬念吸引用户点击阅读；最后标题不宜过长，过长的标题往往用户没有耐心阅读。如“美食工坊”兴趣部落，有 94.9 万的粉丝关注，话题超过 22 万，其标题如图 5－6 所示：

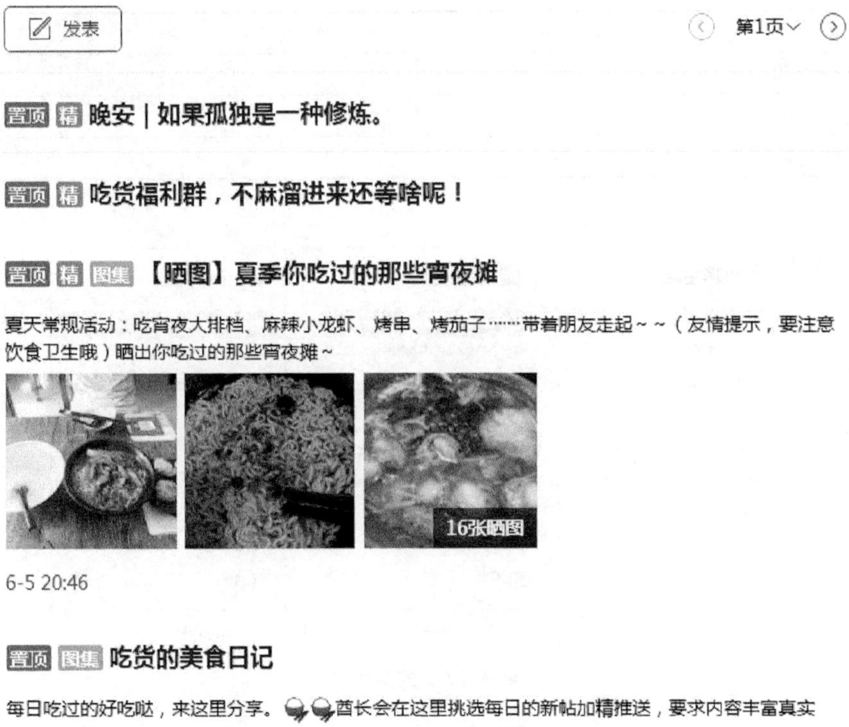

图 5－6　“美食工坊”兴趣部落精华帖

内容的编写是营销的核心，在进行内容编写时切记不要直接进行产品的推广宣传，而是要将产品的推广宣传隐藏在文章内容当中。如图 5－6 中的精华帖，主要从情感、分享等角度策划内容，以期与粉丝产生共鸣。在这里请以恭城油茶为主题编写话题内容，并发布到自己所选的部落当中。

标题	
话题内容	

2. 兴趣部落的推广

兴趣部落的推广包括了创建和运营两个部分。

步骤1：兴趣部落的创建。兴趣部落的注册只需运营者进入兴趣部落首页，点击“创建部落”，进入创建部落页面，即可按照提示完成部落的创建。部落的类型分为兴趣主题、企业品牌和个体运营三类，如图5-7所示，三类主题各有各的特点，可以对其进行总结并完成下表，完成部落的创建。

部落类型	特点
兴趣主题	
企业品牌	
个体运营	

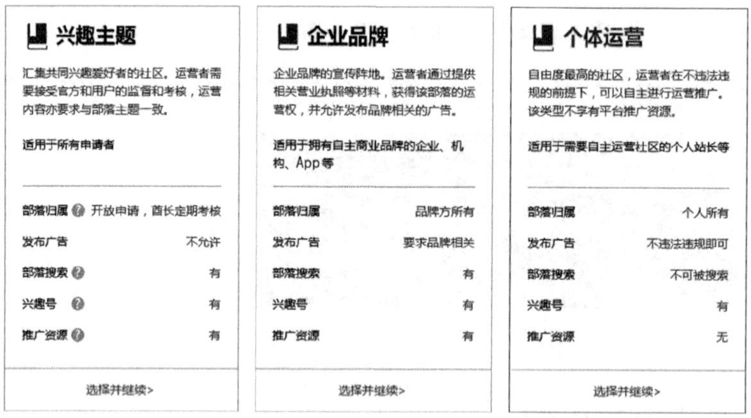

图5-7　部落类型

步骤2：兴趣部落的运营。虽然我们一直强调内容为本，但若是好的内容不能让更多人看到，也于事无补，所以好的内容一定还要有好的运营来配合才行。

前面我们已经完成了恭城油茶的推广定位、用户画像、内容主题策划等事项，那么，运营就是让恭城油茶能够具有持续性影响效应：如保持话题新鲜、有趣、有料；调动部落群体参与话题讨论、活动体验；建立兴趣部落奖励机制等。

在此，以“恭城油茶”为推广产品筛选相关部落进行关注并确定话题内容、发送周期等，完成下表。

<table>
<tr><td>部落名称</td><td colspan="2"></td></tr>
<tr><td>话题内容</td><td colspan="2"></td></tr>
<tr><td rowspan="2">话题发布周期</td><td>发布时间</td><td></td></tr>
<tr><td>发布数量</td><td></td></tr>
</table>

三、QQ 部落营销维护

QQ 部落营销的维护需要通过以下步骤进行。

步骤 1：兴趣部落运营数据的查询。进入兴趣部落后台，点击左侧菜单栏最下方可以看到部落数据，如图 5－8 所示。在此可以查看大盘数据、部落活跃数据和兴趣号数据，请总结并写出大盘数据、部落活跃数据和兴趣号数据下具体的数据指标。

数据类型	具体数据指标
大盘数据	
部落活跃数据	
兴趣号数据	

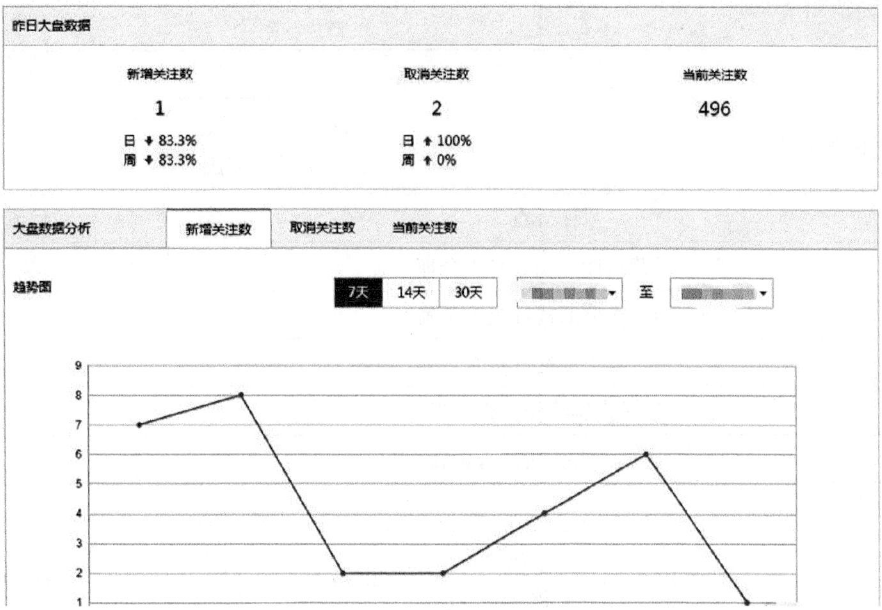

图 5－8　兴趣部落数据查询

步骤 2：兴趣部落运营数据分析。通过对兴趣部落中大盘数据、部落活跃数据和兴趣号数据分析，分别了解并掌握部落的关注度、活跃度，从而帮助运营者调整运营策略。在此需要分别统计出 7 天内兴趣部落的数据，并通过数据分析部落的整体关注度及活跃度。

数据	结论
大盘数据	
部落活跃数据	
兴趣号数据	

通过以上操作，可以掌握 QQ 部落营销的基本方法，在实际的工作过程中还应该根据具体情况灵活使用所学到的推广知识。

任务总结

本小节主要讲解了 QQ 部落的营销流程及方法，重点培养学生 QQ 部落营销推广能力。在学习过程中，需要重点掌握 QQ 部落营销推广方法。该部分的学习难点是话题内容的编写，需要重点学习。

任务评价

<table>
<tr><th colspan="6">任务评价表</th></tr>
<tr><td colspan="2">任务完成方式</td><td colspan="4">□小组协作完成
□个人独立完成</td></tr>
<tr><td colspan="5">评价点</td><td>分值</td></tr>
<tr><td colspan="5">运营目标的确定是否合理</td><td>20</td></tr>
<tr><td colspan="5">推广人群的选择是否正确</td><td>20</td></tr>
<tr><td colspan="5">用户聚集地选择是否正确</td><td>20</td></tr>
<tr><td colspan="5">话题内容编辑是否得当</td><td>30</td></tr>
<tr><td colspan="5">数据查看分析是否正确</td><td>10</td></tr>
<tr><td colspan="6">任务总成绩：</td></tr>
<tr><td>自我
评价</td><td>（20%）</td><td>小组
评价</td><td>（20%）</td><td>教师
评价</td><td>（60%）</td></tr>
<tr><td colspan="6">存在的主要问题</td></tr>
<tr><td colspan="6"></td></tr>
</table>

延伸练习

背景：

白毛茶是中国特种名茶之一，也是广西特产之一。为了整合营销资源，目前需要开拓 QQ 兴趣部落营销渠道，请根据本节所学知识，完成 QQ 部落营销的策划与推广。

步骤分解：

（1）根据百度指数，确定白毛茶用户画像。

（2）通过兴趣部落，了解白毛茶适宜推广群体特征。

（3）策划推广话题内容。

（4）编写话题并进行推广。

（5）收集运营数据，并进行分析。

任务二　QQ 空间营销

任务前导

通过 QQ 部落可以将一部分目标客户聚集到 QQ 中形成一个小的营销圈，营销圈一旦形成则需要对圈内的用户进行更为精准细致的营销，而 QQ 空间正是小范围精准营销的有力工具。那么，如何开展 QQ 空间营销？我们仍以恭城油茶为例，说明营销方法。

任务实施

QQ 空间营销需要从营销策划、营销实施、营销维护三个方面开展。

一、QQ 空间营销策划

腾讯 QQ 是一个相对开放的平台，即使不是 QQ 好友，如果对方没有设置空间访问权限，也能在 QQ 空间中点赞、评论、转载，有着天然的优势。QQ 空间营销策划的实施包括确定营销目标、分析 QQ 好友特点和确定营销内容三个步骤。学生需要根据以下步骤完成 QQ 空间营销策划。

步骤 1：确定营销目标。在营销之前，我们先确定恭城油茶的目标用户，确定方法与 QQ 部落营销的方法相似，在此不做赘述。要明确此次营销需分两个阶段：第一个阶段是推广产品的知名度，第二个阶段是推动产品的线上销售额。

还可以根据不同阶段的营销目的，对营销目标进行分化，如在产品认知阶段，提升产品百度搜索指数、全网信息覆盖率等；在产品销售阶段，通过一个季度的推广，产品线上销售营业额提升一倍等。大家可根据如下表格进行营销目标梳理。

推广阶段	营销目标
产品认知	
产品销售	

步骤2：分析QQ好友特点。通过查看QQ好友的信息，可以了解好友的兴趣爱好，从中分析并总结出好友的特征，为精准营销做好铺垫。具体操作如下。

①打开QQ好友详细信息，如图5-9至图5-11所示。

图5-9　QQ好友信息查看页面

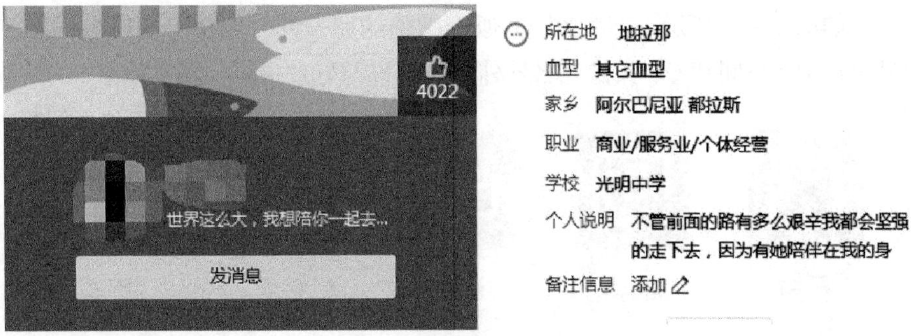

图 5－10　QQ 好友资料

图 5－11　QQ 好友空间

②分析好友兴趣爱好，并参考下表，整理出好友的特点。

QQ 名称	特点总结
好友 1	年轻、多愁善感
好友 2	重养身、猎奇
好友 3	年轻、孝顺
⋮	……

步骤 3：确定营销内容。营销内容的确定需要结合对营销目标、营销对象的分析结果，选择适合的方式进行。我们之前分析出恭城油茶第一阶段的营销目标是推广产品知名度，QQ 空间的营销对象又是 QQ 好友，在内容形式上，就可以采用 QQ 空间所允许的文字、图片、视频等，展示内容要多样化。

通过以上步骤的操作，可以完成 QQ 空间营销的整体策划。

二、QQ 空间营销实施

1. QQ 空间营销工具

QQ 空间提供了很多交流、互动的工具，我们常用的营销工具有“说说”、日志、相册三部分，如图 5 – 12 所示。“说说”类似于微信的朋友圈，用户可实时发送消息内容，除了会显示在 QQ 空间和 QQ 头像签名处外，还可以与好友进行互动，如图 5 – 13 所示。

图 5 – 12　空间营销工具

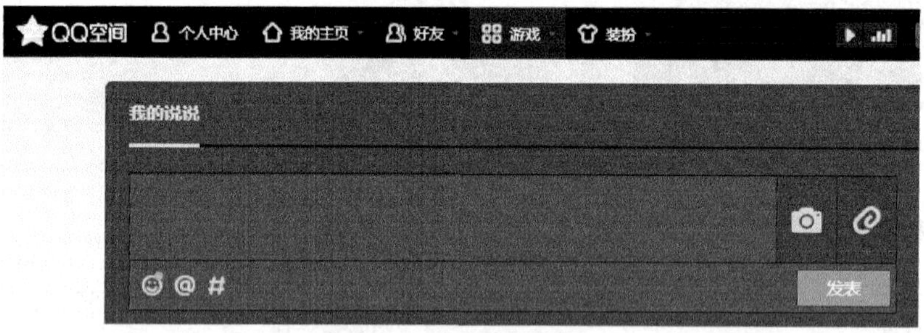

图 5 – 13　空间说说

“日志”是 QQ 空间为用户提供的发送文章的平台，形式类似于博客，通过日志发送的消息内容会在好友的 QQ 空间中显示。日志给用户提供了一个可以编辑文字的空间，在此用户可以编辑一些较大篇幅的文章，如图 5 – 14 所示。

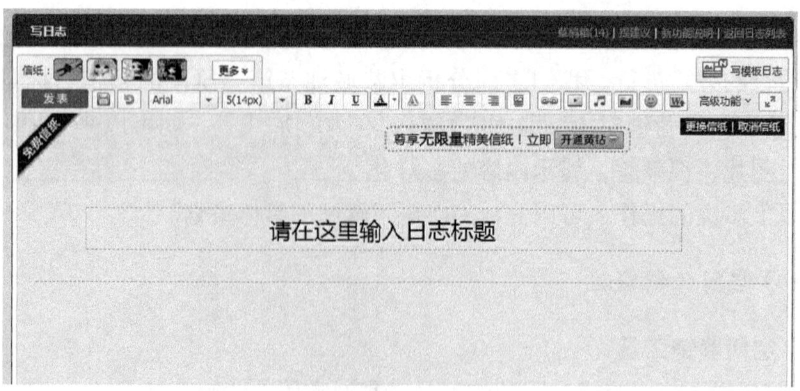

图 5 – 14　空间日志

空间相册是 QQ 空间中用来存放展示相片的平台，上传至 QQ 空间相册的图片会在 QQ 空间中展示，在 QQ 空间营销中相册是最能吸引 QQ 好友浏览的内容，如图 5－15 所示。

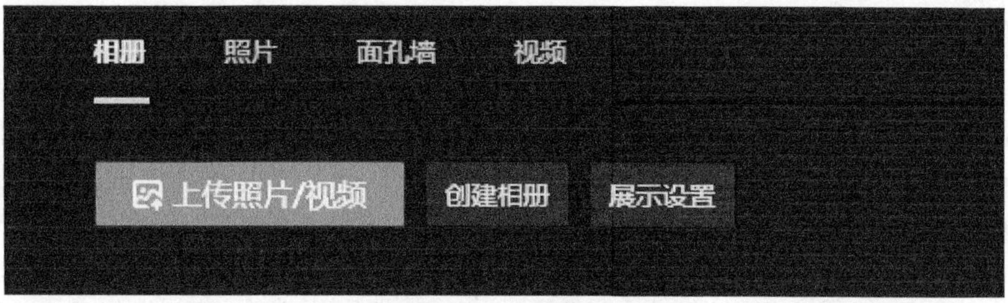

图 5－15　空间相册

2. QQ 空间营销实施

了解了 QQ 空间常见的营销工具，下面我们就以恭城油茶为例，一一讲解如何利用这些工具展开营销工作。

（1）QQ 空间“说说”营销实施

通过之前的分析策划，我们确定以推广恭城油茶的知名度为主要目的，针对 QQ 空间好友年轻化、喜欢追新等特点，推送一些图文相结合的营销内容，如恭城油茶的养生秘诀、恭城油茶的绝密配方、恭城油茶的历史渊源等。下面我们以发表“恭城油茶的历史渊源”为例，向大家展示如何利用“说说”工具开展营销工作。

步骤 1：确定“说说”发表的内容及素材。通过百度图片或者现场拍照，收集一些恭城油茶的图片，筛选出色泽鲜明、具有美食诱惑力的图片作为“说说”的配图，如图 5－16 所示。

图 5－16　恭城油茶

通过百度搜索或者查找历史文献，找到和“恭城油茶”相关的历史背景资料，如“‘恭城油茶’是恭城瑶族人民的一种传统食品，据史料记载始于唐代，距今已有1000多年的历史。20世纪90年代后，恭城油茶传至桂林及广西其他地区，如今喝油茶已成为人们饮食休闲的一件趣事”。

步骤2：设置签名同步。“说说”的内容需要通过设置签名同步才能在QQ头像签名处显示，进入QQ空间，点击页面右上角“齿轮”图标，进入QQ空间设置页面，如图5－17所示，勾选“将空间说说同步到QQ签名”点击“保存”即可。在此按照操作步骤完成签名同步的设置。

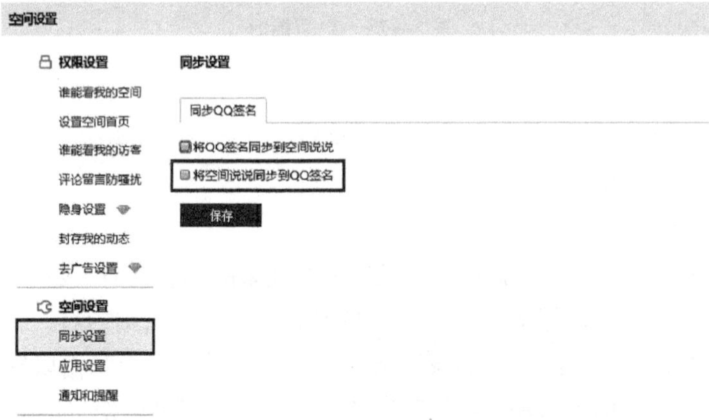

图5－17　QQ空间签名同步设置页面

步骤3：编辑并发表“说说”。进入QQ空间点击“说说”进入“说说”编辑页面，如图5－18所示。QQ“说说”内容的编辑形式可以是文字、图文、视频等，可以根据具体的“说说”内容进行选择。

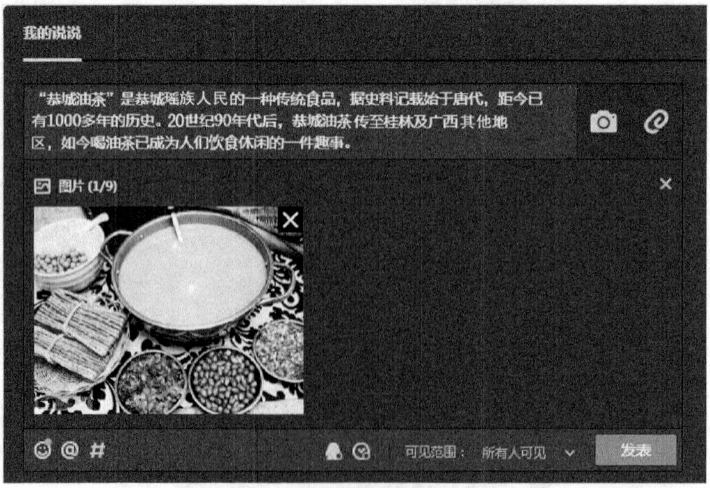

图5－18　QQ“说说”编辑页面

编辑完成之后，点击“发送”，即可完成“说说”的发布。

（2）QQ 空间“日志”营销实施

我们同样以“恭城油茶的历史渊源”为例，向大家讲解如何开展“日志”营销。

步骤 1：进入日志编辑页面。进入 QQ 空间点击“日志”，进入日志页面，如图 5－19所示，点击“写日志”即可进入日志内容编辑页，如图 5－20 所示。

图 5－19　QQ 空间日志页面

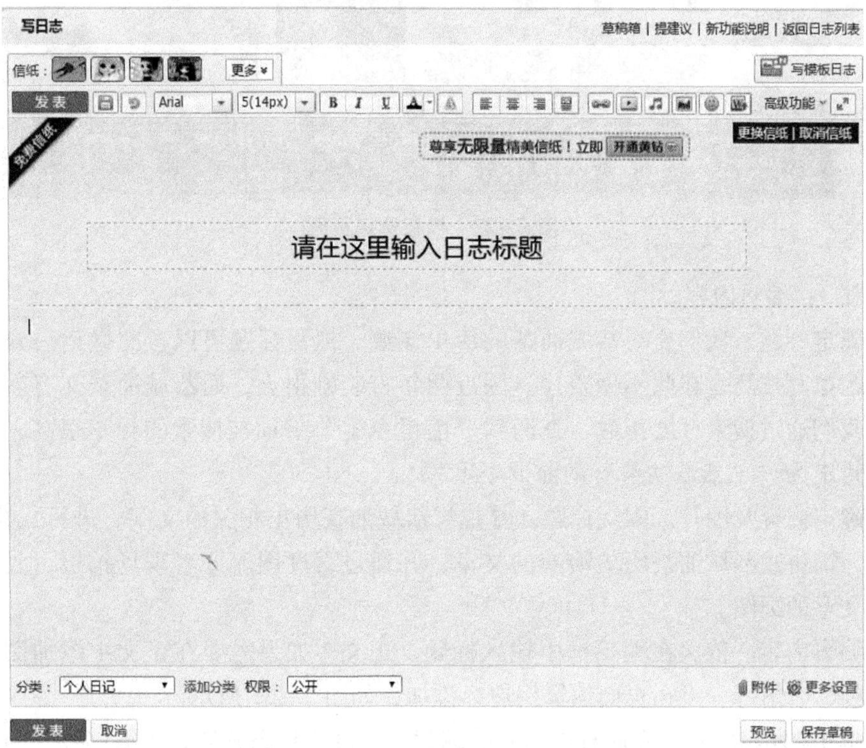

图 5－20　QQ 空间日志编辑页面

步骤2：选择日志模板。QQ空间为用户提供了不同的日志目标样式，用户可以根据文章内容进行选择，进入日志编写页面点击右上方“写模板日志”，如图5-21所示，进入模板选择页。在该页面为用户提供了付费模板、限时免费模板两种，用户可根据需要进行设置，如图5-22所示。

图5-21 “写模板日志”按键位置

图5-22 模板选择页面

步骤3：编辑内容。

①确定标题。我们要写恭城油茶的历史渊源，拟写标题可以参照微信公众号营销中的标题拟写技巧，在此不做赘述。因近两年古装剧很火，而恭城油茶又有着悠久的历史，我们通过搜索百度指数，查询到“前世今生”一词被搜索的频率很高，我们就将标题暂定为“‘恭城油茶’的前世今生”。

②确定内容及图片。围绕标题，寻找与恭城油茶历史相关的文字，进行二次加工，整理出一篇讲述恭城油茶历史演变的文章，并通过百度图库或者现场拍摄，收集3~5张适合文章的配图。

③编辑内容。依次在编辑框中输入标题、正文，如果需要在正文中添加图片、音频、视频、表情等，可在页面编辑栏选择添加，如图5-23所示。

步骤4：发表内容。完成日志内容的编写后，设置日志分类和阅览权限，点击“发表”即完成QQ空间日志的编辑，如图5-24所示。

图 5－23　编写日志内容

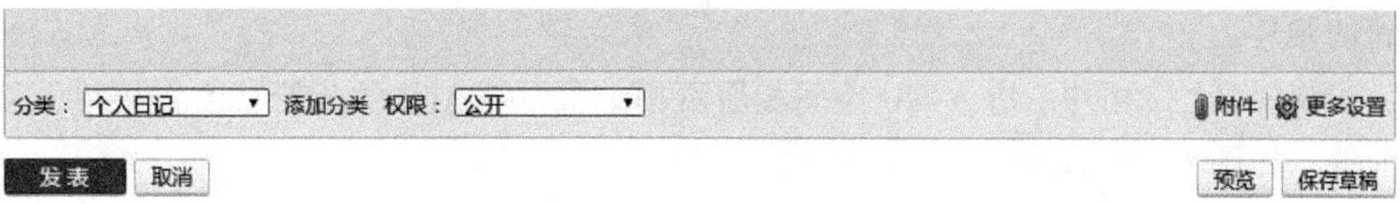

图 5－24　日志发表按键

至此，我们便完成了以“‘恭城油茶’的前世今生”为题的日志发布。

（3）QQ 空间“相册”营销实施

QQ 空间相册的营销实施可以从创建相册、筛选相片和上传相片三部分展开。

步骤 1：创建相册。在创建相册前需要规划相册的类别，相册类别的规划需要围绕推广的产品展开，一般分为与产品直接相关和间接相关两类。我们可以恭城油茶为主，规划相册，如下表所示。

直接相关	相册名称	恭城油茶
	相片描述	被评为长寿之乡的恭城，油茶是其长寿的秘诀！
间接相关	相册名称	恭城饮食
	相片描述	油茶与佐食更配

按照上表规划，我们开始创建相册，如图 5－25 所示。

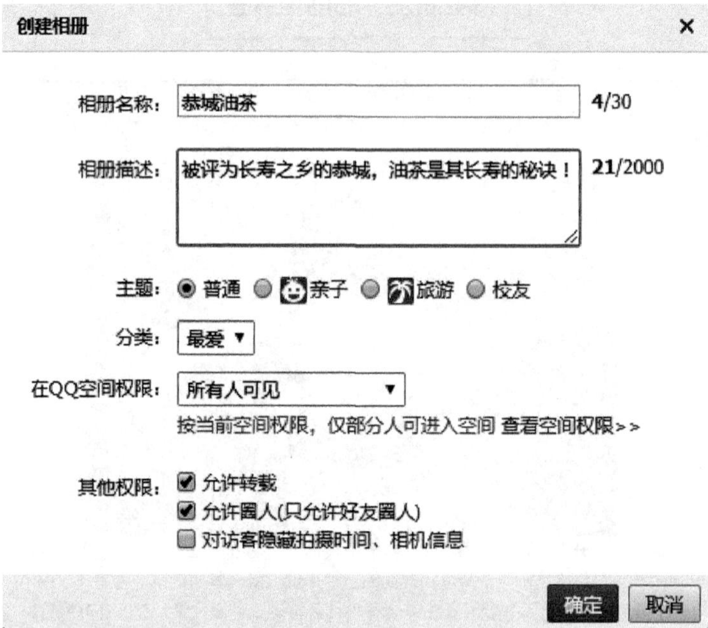

图 5－25　创建相册

步骤 2：筛选相片。按照规划好的相册筛选相片，选择色彩鲜明、图像清晰、主题相符的相片。

步骤 3：上传相片。进入 QQ 空间相册页面，打开新创建的相册，上传相片、设置封面等，如图 5－26 所示。

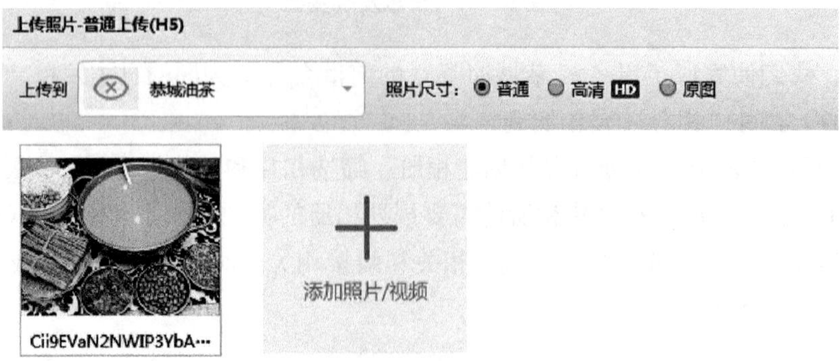

图 5－26　上传相片

三、QQ 空间营销维护

QQ 空间营销维护包含 QQ 空间数据的分析和 QQ 空间评论、留言的回复两个部分。

1. QQ 空间数据分析

QQ 空间数据类型包括了访客数、浏览数、评论数、点赞数、分享数五类，其中访客数是对进入空间浏览用户的统计，而其他数据则是针对“说说”、日志、相册等具体内容的数据。QQ 空间数据分析的步骤包括数据统计和数据分析两个步骤。

步骤 1：数据统计。QQ 空间数据统计包含访客量、浏览数、评论数、点赞数、分享数的统计，其中浏览数、评论数、点赞数、分享数的统计需要针对不同的内容分别统计，如图 5－27 所示。

图 5－27　空间访客统计

我们可以根据下表对相关数据进行统计。

今日访客数				
内容类目	浏览数	点赞数	评论数	转发分享数
说说				
日志				
相册				

步骤 2：数据分析。通过 QQ 空间数据统计，掌握数据的变化并从中分析总结 QQ 空间的总体运营情况及“说说”、日志、相册等具体内容被关注的情况，而后总结问题作为运营方向调整的依据。

我们还可以分析 1 周之内 QQ 空间的数据变化，并以折线统计图的方式表现，从数据的变化中找到哪些内容的关注度高，哪些内容关注度低。

2. QQ 空间评论、留言的回复

QQ 空间评论、留言的回复不仅可以促进好友之间的互动，同时还是产品营销推广的一个重要途径。

步骤 1：留言、评论的审阅。当 QQ 空间中有好友留言或评论时，用户可以直接在

QQ 空间页面看到。在审阅留言、评论时应反复阅读、认真理解，避免错误理解。

步骤 2：留言、评论内容的回复。在留言、评论处点击“回复”即弹出回复窗口，如图 5－28 所示，在该区域编写回复内容，完成后点击“发表”。

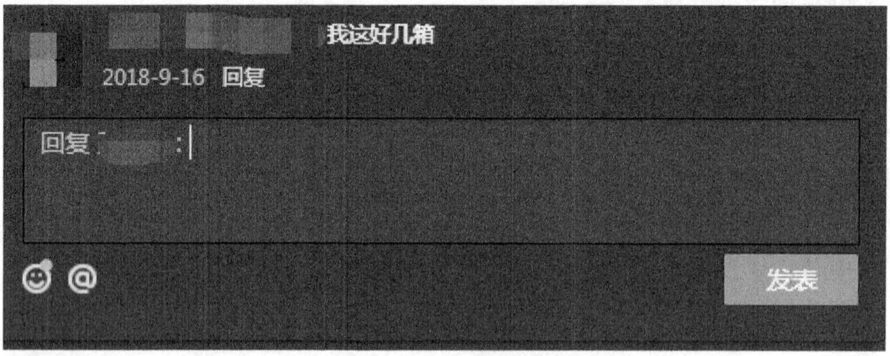

图 5－28　评论回复

步骤 3：记录评论内容。完成留言、评论的回复后，需要对有营销价值的评论内容进行记录，记录的内容包括好友 QQ 账号、评论内容、回复内容，通过留言内容的记录总结可以帮助我们发现潜在消费者及产品相关的问题。

我们可以参照如下表格进行留言整理。

留言、评论类型	具有的价值

任务总结

本小节主要讲解了 QQ 空间的营销流程及方法，重点培养 QQ 空间内容编辑的能力。在学习过程中，需要重点掌握 QQ 空间内容的编辑方法。

任务评价

任务评价表	
任务完成方式	□小组协作完成 □个人独立完成

续　表

<table>
<tr><td colspan="6">任务评价表</td></tr>
<tr><td colspan="5">评价点</td><td>分值</td></tr>
<tr><td colspan="5">QQ 好友特点分析是否准确</td><td>10</td></tr>
<tr><td colspan="5">QQ 空间“说说”内容的编辑是否完成</td><td>20</td></tr>
<tr><td colspan="5">QQ 空间日志内容的编辑是否完成</td><td>20</td></tr>
<tr><td colspan="5">QQ 空间相册照片上传是否完成</td><td>20</td></tr>
<tr><td colspan="5">QQ 空间数据统计分析是否正确</td><td>10</td></tr>
<tr><td colspan="5">QQ 空间评论、类型总结是否正确</td><td>20</td></tr>
<tr><td colspan="6">任务总成绩：</td></tr>
<tr><td>自我
评价</td><td>（20%）</td><td>小组
评价</td><td>（20%）</td><td>教师
评价</td><td>（60%）</td></tr>
<tr><td colspan="6">存在的主要问题</td></tr>
<tr><td colspan="6"></td></tr>
</table>

延伸练习

背景：

学生仍然以广西白毛茶的品牌宣传为主，根据本节所学知识，利用 QQ 空间的营销工具，完成营销策划与实施。

步骤分解：

（1）确定广西白毛茶的营销目标。

（2）分析 20 位 QQ 好友特点。

（3）策划 QQ 空间“说说”、日志、相册工具的营销内容。

（4）利用 QQ“说说”工具，发布营销内容。

（5）利用 QQ 日志工具，发布营销内容。

（6）利用 QQ 相册工具，发布营销内容。

任务三　QQ 邮件营销

任务前导

QQ 邮件营销就是邮件营销，但 QQ 邮箱可以轻松获取 QQ 好友的邮箱地址，这使得 QQ 邮件营销具有更强的针对性，在邮件营销中确定目标群体是操作的难点，通过借助 QQ 邮箱可以让这一过程变得简单。

任务实施

QQ 邮件营销可以从 QQ 邮件营销策划、QQ 邮件营销实施、QQ 邮件制作三个方面入手。

一、QQ 邮件营销策划

QQ 邮件营销策划的重点是目标群体的确定，其对象主要是 QQ 好友和 QQ 群，对 QQ 好友和 QQ 群进行分析和分类是 QQ 营销策划的重点。

步骤 1：QQ 好友分类。对 QQ 中的好友及 QQ 群中的好友进行分析，按照性别、年龄、兴趣等进行分类。如我们推广恭城油茶，可将 QQ 好友按照地域或年龄，或自己与好友的关系等分类，如图 5 – 29 所示。

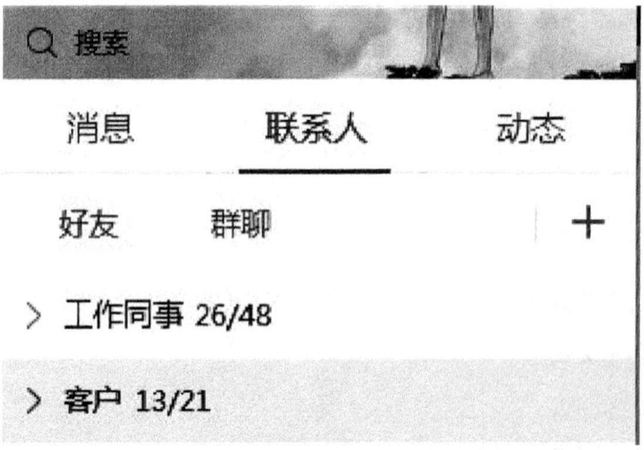

图 5 – 29　QQ 好友分类

步骤 2：邮件内容策划。完成 QQ 好友分类后，接下来依据人群分类策划邮件内容。不同类别的人群需求往往不同，需要抓住不同类别人群的特点，有针对性地制定营销内容。我们可以以自己与 QQ 好友的关系进行分类，对同事与客户共同推送产品优惠活动相关的内容，如推广“恭城油茶试吃活动”，将邮件主题定为“寻找‘恭城油茶’试吃员，借你的味蕾一用”，邮件正文可策划为活动介绍。

步骤 3：发送时间选择。策划邮件的发送时间同样需要根据 QQ 好友分类进行，不同人群查看邮件的时间一般不同，发送邮件的时间应尽可能是收件人在电脑旁工作的时间。可参考图 5 – 30 确定邮件发送的时间。

二、QQ 邮件营销实施

QQ 邮件营销最主要的因素是获取大量的 QQ 邮箱，因为 QQ 邮箱后缀一样，所以

图 5－30　邮件发送时间选择参考

我们只要获取 QQ 号就可以知道其邮箱。常见的获取 QQ 号的方式就是加入 QQ 群，我们主要通过如下步骤实现。

步骤 1：提炼关键词。结合推广产品及目标用户群的特点总结提炼出与产品及目标用户群相关联的关键词。如我们推广的是恭城油茶，可提炼出关键词“油茶”“恭城”“美食”“广西特产”等。

步骤 2：搜索 QQ 群。进入 QQ 查找页面，如图 5－31 所示，输入关键词搜索 QQ 群，在此需要用户对搜索出的 QQ 群进行初步信息筛查，即通过查看 QQ 群简介，了解 QQ 群的基本情况，在确认无误后申请加入。

图 5－31　QQ 群搜索页面截图

发出申请后，管理员审核通过便可入群，开始收集相应的QQ邮箱。接下来，需要编辑QQ邮箱内容并安排发送。

三、QQ邮件制作

步骤1：邮件标题的编写。根据策划的邮件内容撰写标题（结合“QQ邮件营销实施”步骤2中归纳的结果）。在撰写时要注意，邮件标题不宜过长，在标题中突出主题，让收件人能够快速了解邮件内容。在此，我们采用“QQ邮件营销实施”步骤2中策划的主题作为标题：“寻找‘恭城油茶’试吃员，借你的味蕾一用”。

步骤2：邮件正文的编写。进入QQ邮箱，在“正文”处编写邮件内容，QQ邮件正文编辑支持图片、视频等多媒体文件的插入，我们可以将前面策划的寻找“恭城油茶”试吃员活动内容编辑到邮件正文中，如图5-32、图5-33所示。

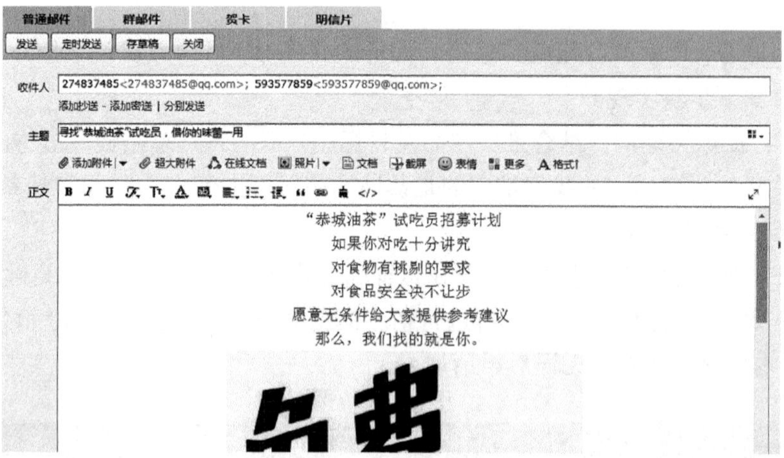

图5-32　普通邮件编辑

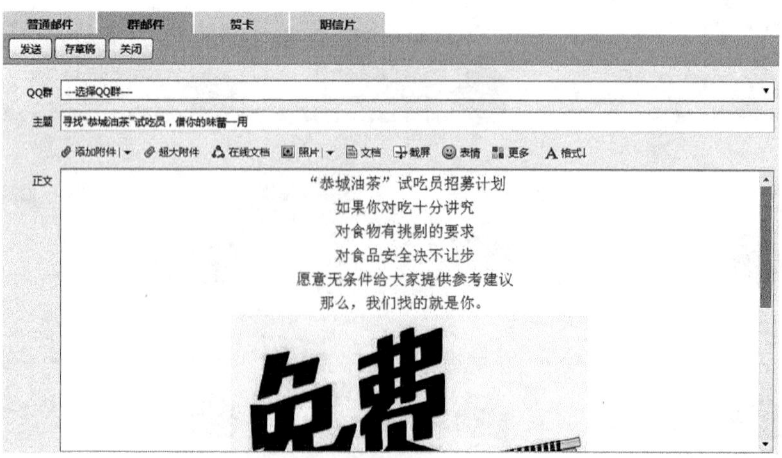

图5-33　群邮件编辑

步骤 3：邮件的发送。邮件内容编辑完成后，选择发送即可，如图 5－34 所示。

图 5－34　邮件操作界面

任务总结

本小节主要讲解了 QQ 邮件的营销流程及方法，重点培养对目标人群分类、确定的能力。在学习过程中，需要重点掌握 QQ 好友的分类方法。该部分的学习难点是话题内容的编写，需要重点学习。

任务评价

<table>
<tr><td colspan="6">任务评价表</td></tr>
<tr><td colspan="2">任务完成方式</td><td colspan="4">□小组协作完成
□个人独立完成</td></tr>
<tr><td colspan="5">评价点</td><td>分值</td></tr>
<tr><td colspan="5">QQ 好友分类属性选择是否恰当</td><td>20</td></tr>
<tr><td colspan="5">QQ 邮件内容主题的确定是否合理</td><td>20</td></tr>
<tr><td colspan="5">QQ 邮件发送时间规划是否合理</td><td>10</td></tr>
<tr><td colspan="5">是否完成 QQ 群添加</td><td>10</td></tr>
<tr><td colspan="5">QQ 邮件营销标题是否得当</td><td>20</td></tr>
<tr><td colspan="5">QQ 邮件正文内容编写是否满足要求</td><td>20</td></tr>
<tr><td colspan="6">任务总成绩：</td></tr>
<tr><td>自我
评价</td><td>（20%）</td><td>小组
评价</td><td>（20%）</td><td>教师
评价</td><td>（60%）</td></tr>
<tr><td colspan="6">存在的主要问题</td></tr>
<tr><td colspan="6"></td></tr>
</table>

延伸练习

背景：

正值“双十一”，广西白毛茶网店需要以优惠大促为主题进行促销，利用QQ空间邮件，根据本节所学知识，完成邮件营销的策划与实施。

步骤分解：

（1）对QQ好友进行分类。

（2）策划邮件内容及发送时间。

（3）通过关键词加入“广西白毛茶”相关的群，并收集邮箱。

（4）编辑邮件内容，并完成发送。

项目六　其他网络新媒体营销方式

任务一　论坛营销

任务前导

论坛营销就是企业或个人利用论坛这种新媒体平台，通过文字、图片、视频等方式发布相关产品和服务的信息，而让目标用户更加深刻地了解产品和服务，最终达到宣传产品或服务的目的。在众多的新媒体营销平台中，论坛是较早出现的一种形式，相对而言营销模式已经成熟。接下来，我们将以颇具广西特色的铜鼓摆件为例展开论述。

任务实施

论坛营销，可以从以下五个部分展开：论坛选择与账号建立、论坛内容策划、论坛内容编辑、论坛内容引流、论坛内容维护。

一、论坛选择与账号建立

1. 论坛的选择

在进行论坛营销时，首先应依据营销产品的特性选择合适的论坛，最好是能够直击目标用户的论坛。常见的论坛如天涯社区、虎扑、猫扑等。

以“广西铜鼓”论坛营销为例，广西是目前出土和收藏铜鼓较多的地区，世界上最重的铜鼓王就在广西出土。通过在虎扑、天涯、西祠胡同等论坛搜索“广西铜鼓”关键词发现，在天涯论坛中与铜鼓相关的搜索内容和话题量更加多元、数量也较多。同时，天涯论坛具有相对精准的细分类目，是很多用户的首选。在营销方式上，天涯论坛以人与人之间的互动传播，深层次、精准地到达用户，打动、影响目标用户为特色，是一个多元化、综合性论坛。综合来看，选择天涯论坛作为营销论坛具有相对优势。

2. **论坛账号的建立**

以天涯论坛作为营销论坛后，接下来就要着手论坛账号的建立，具体步骤如下。

步骤1：百度搜索“天涯论坛”，然后点击官网进入，如图6－1所示。

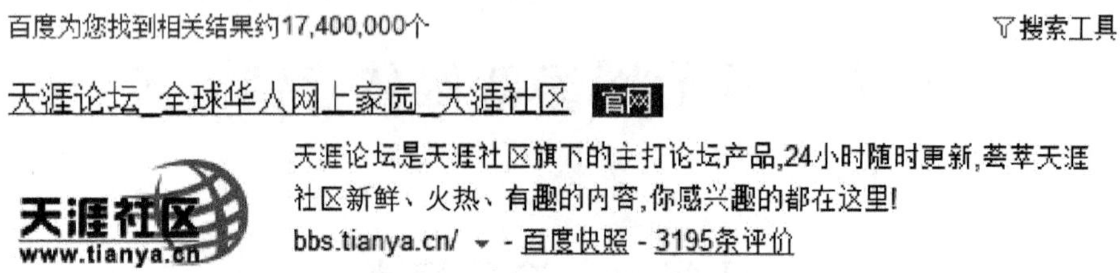

图6－1　天涯论坛官网页面截图

步骤2：进入官网后，点击右上角的“注册”，进入注册页面。可以选择使用第三方社交账号直接登录，如微信、QQ或微博等，也可点击“立即注册”，注册新账号，如图6－2所示。

图6－2　天涯论坛注册页面截图

步骤3：进入注册页面后，按要求填写相关信息，需要注意的是，天涯论坛的验证码为语音验证码，因此需要保证手机设备畅通，如图6－3所示。

图 6－3　天涯论坛注册页面截图

步骤 4：填写完相关信息后，点击“立即注册”，填写个人信息，可根据营销需求选择相应的行业并选填职业，随后点击“提交”，如图 6－4 所示。

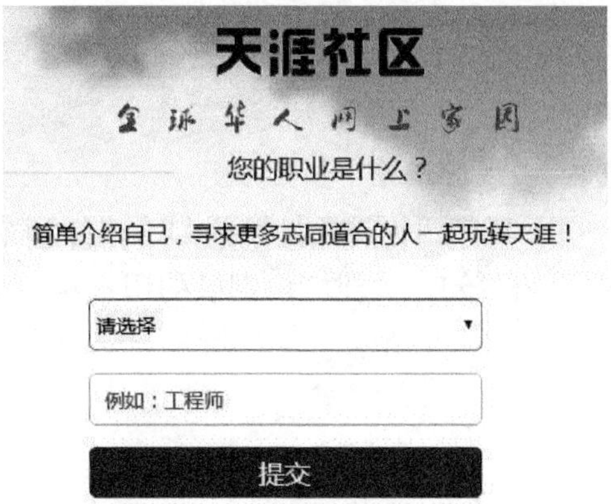

图 6－4　天涯论坛个人介绍 1

步骤 5：账号注册成功后进入个人主页，点击“上传头像”，完善个人资料，如图 6－5、图 6－6 所示。

图 6－5　天涯论坛个人介绍 2

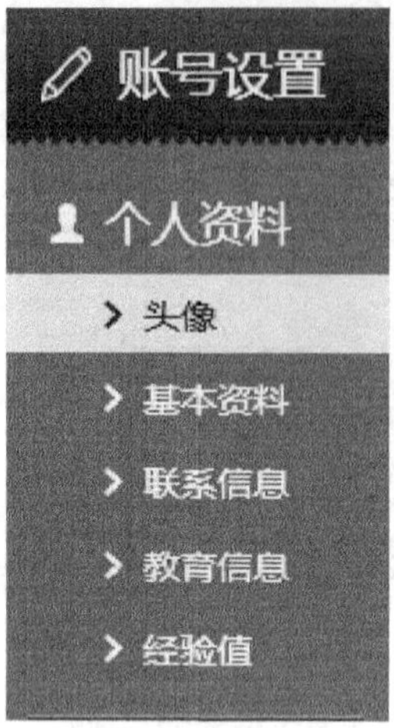

图 6-6 天涯论坛个人介绍 3

二、论坛内容策划

建立了自己的论坛账号后，紧接着就需要着手内容策划。内容策划可从用户群体分析、策划选题内容、选定表现形式三个步骤展开。

步骤 1：用户群体分析。对广西铜鼓摆件展开营销，首先需要分析关注广西铜鼓的用户群体，通过百度指数分析可知，关注广西铜鼓的用户年龄集中在 30～39 岁，男女比例差别不大，如图 6-7、图 6-8 所示。

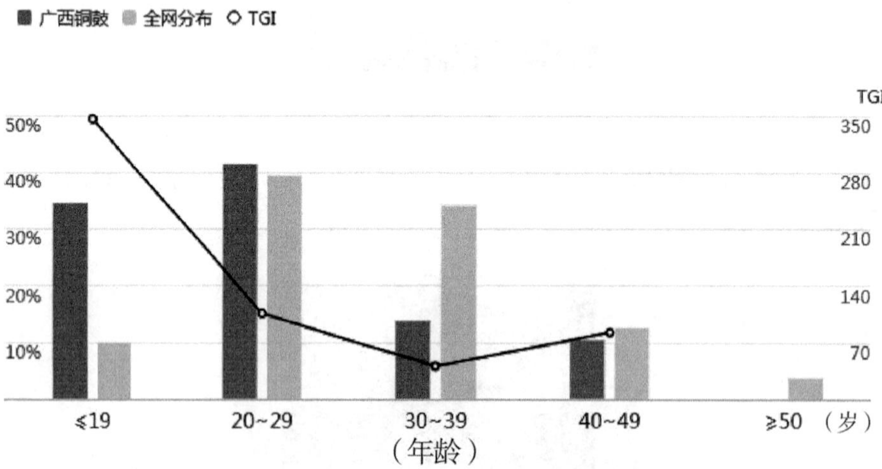

图 6-7 关注广西铜鼓用户的年龄分布

综合两组分析数据，并结合广西铜鼓的特性，可以将广西铜鼓的营销目标人群定位为热爱造型精美的手工艺产品、了解传统文化、有审美品位的青年人。

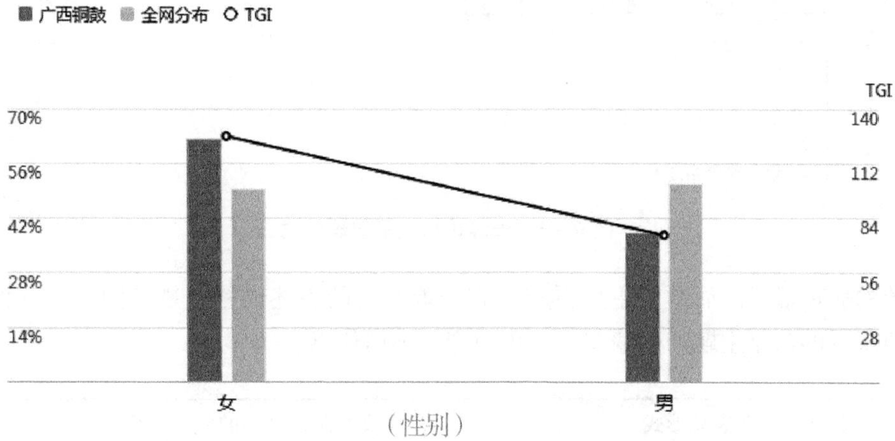

图 6－8　关注广西铜鼓的用户性别分布

步骤 2：策划选题内容。论坛营销不是一蹴而就的，因此发帖前要围绕营销需求设立清晰的阶段目标与总体目标，并持续跟进。

此次论坛营销旨在宣传以广西铜鼓为原型的铜鼓摆件，结合上述目标群体数据，30～39 岁的用户群体，多处于事业上升期，铜鼓摆件除了精美的造型外，其蕴含的商业寓意应该会引起这一用户群体的关注。所以，要以此核心诉求设定阶段目标，并策划对应选题，具体如下。

阶段一：介绍广西铜鼓与众不同的工艺，吸引用户。

阶段二：传达广西铜鼓的商业价值，引出铜鼓摆件，进一步吸引精准用户。

阶段三：设定围绕广西铜鼓的线上活动，保持帖子热度。

阶段四：根据活动情况及帖子热度，及时调整内容。

……

最终目标：引流到网店，带动广西铜鼓摆件销售。

广西铜鼓摆件选题	系列选题（1）铜鼓的制作工艺
学生选题类型	
广西铜鼓摆件选题	系列选题（2）铜鼓的商业价值
学生选题类型	

步骤 3：选定表现形式。确定了选题内容后，还须进一步确定表现形式，以便准备素材。天涯论坛提供了图片、视频、投票等多种形式，如图 6－9 所示。结合用户的认知水平以及每个阶段策划的选题，分别选用相应的表现形式及不同的语言表述风格。

例如，此次发帖围绕阶段二的目标，即传达广西铜鼓的商业价值，就可以选用图

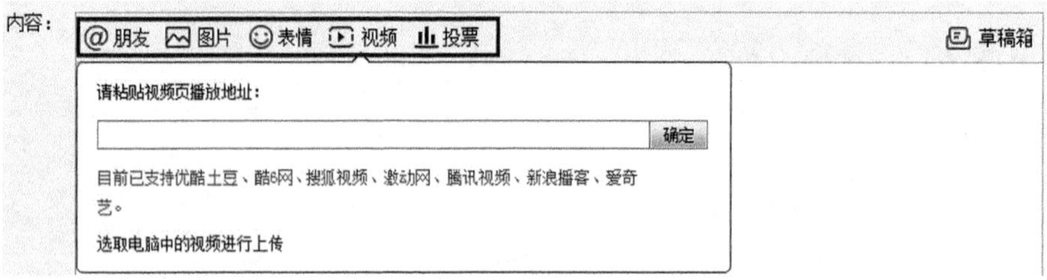

图 6－9　天涯论坛帖子表现形式

文并茂的表现形式。而结合主题诉求，宜采取平实的叙述风格，避免因太过活泼而与帖子所传达的深厚主题产生偏差，让用户产生不信任感。

广西铜鼓摆件选题表现形式	图文并茂，平实的叙述风格
学生选题表现形式	

三、论坛内容编辑

确定了选题和表现形式后，开始进入内容编辑阶段。内容编辑可从标题、内容、发布三个步骤展开。

步骤 1：标题的编写。标题要足够吸引人，好的标题直接决定目标用户是否会浏览帖子。发帖前，首先进入个人首页，点击“我的帖子”，进入后点击右侧“发帖”按钮，如图 6－10、图 6－11 所示。

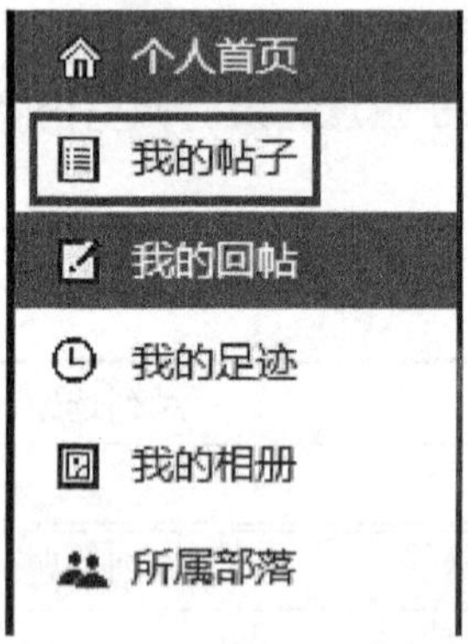

图 6－10　天涯论坛个人主页

图 6－11　天涯论坛发帖页面

执行上述操作后，进入帖子编辑页面，此次采用悬念式标题，旨在引起用户的探究欲，进而去阅读内容，如图 6－12 所示。

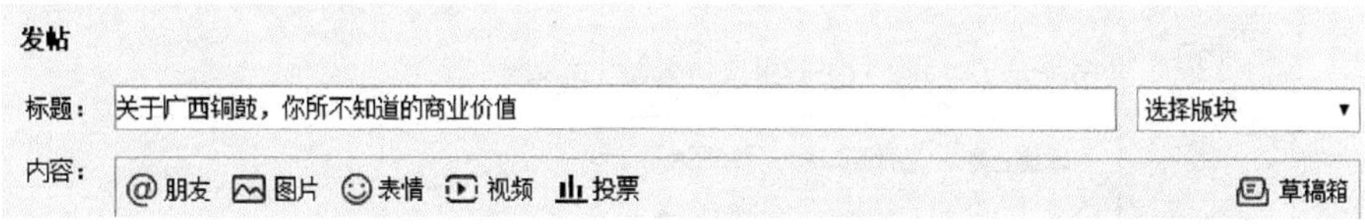

图 6－12　天涯论坛帖子标题

对于论坛标题的编写，有以下几类可供参考，可以依据具体选题策划参考引用。

①专业式标题。专业式标题是指在标题中嵌入专业性词语，让内容看起来更加专业，传递专业价值。

专业式标题能够吸引对专业度要求较高或者跟专业名词相关的用户，从而达到精准吸引用户的目的。

②悬念式标题。悬念式标题是指将文中最能吸引用户注意的内容，先在标题中做个铺垫，引发其探究欲，从而去阅读内容。

悬念式标题的主要目的是增加帖子的可读性，所以在进行内容编辑时，一定要确保帖子内容确实能让用户感到惊奇、有悬念，不然会引发用户不满，进而影响帖子的评论。

③趣味式标题。趣味式标题是指在标题中使用一些有趣、新颖的词语，营造一种轻松愉悦的阅读氛围。这样即便帖子中透露出广告的意味，也不会让用户太反感。

④福利式标题。指在帖子标题上向用户传递一种“阅读就会有收获”的信息，让用户自然而然地去阅读帖子。

⑤借势式标题。借势是一种常见的写作手法，一般是在帖子的标题上借助一些社会的时事热点、新闻的相关词汇给内容造势，增加点击量。

步骤 2：内容的编写。当用户被标题吸引，进入主帖时，主帖内容的质量直接决定了用户是否回复或持续关注。所以在写主帖内容时，要与标题尽可能相关，传达产品对用户的重要性或相关性。此外，产品信息传达也可出现在回复中，建议主帖可简单叙述产品的相关信息，不需要过多表述，避免引起用户反感。

此次发帖围绕铜鼓的商业价值展开，主帖内容就要将主题渗透进去。结合之前策划的表现形式，添加图片、增加帖子的可读性与丰富性，如图 6－13 所示。在帖子未发布前，图片是以网址的形式呈现，所以添加图片前要认真核查，避免出错，如图 6－14 所示。

需要注意的是，天涯论坛不同于其他新媒体平台可以自主添加关键词，天涯论坛是系统从帖子中获取，这就对主帖的编写提出了更高的要求，要将与主题相关的关键词尽可能地分布在主帖内容中。

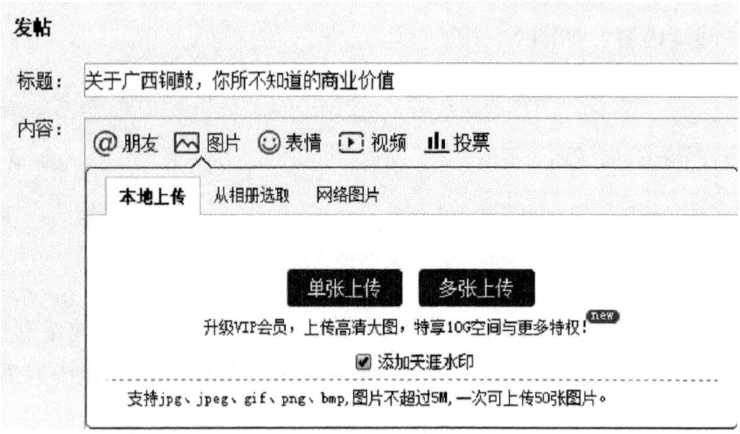

图6－13　天涯论坛发帖页面1

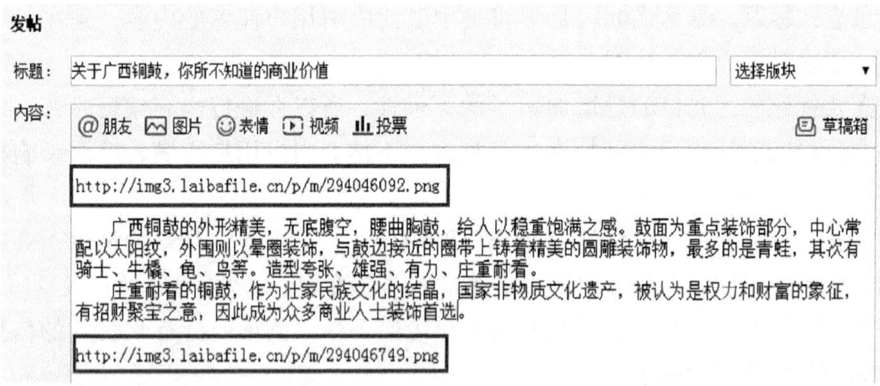

图6－14　天涯论坛发帖页面2

步骤3：帖子的发布。帖子编辑完成后，选择帖子主题对应的版块，下拉页面，根据帖子具体情况选择“原创”或“转载”，点击“发表”即可，如图6－15、图6－16所示。

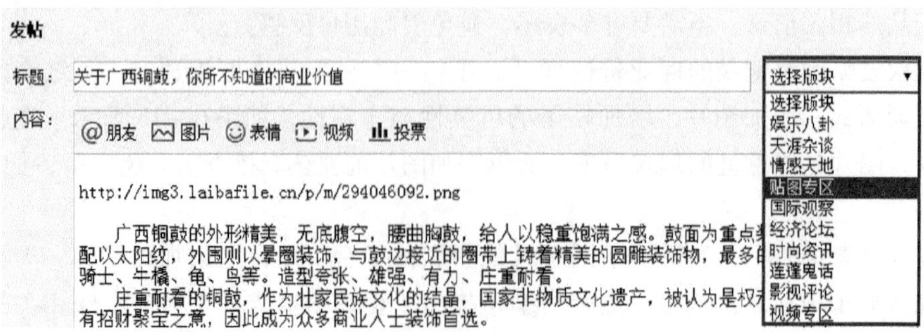

图6－15　天涯论坛发帖页面3

图 6－16　天涯论坛发帖页面 4

四、论坛内容引流

帖子发表后，需要被更多用户看到，但仅依靠论坛本身的流量是不够的，还要借助其他新媒体平台进行站外引流推广。接下来将分别以微博推广、微信推广、社群推广展开。

1. 微博推广

进行微博推广时，可以按照微博的发文要求，提炼帖子的主题内容，字数控制在 140 字以内，并根据情况添加图片、视频、论坛帖子链接等。

在自身微博粉丝数不多的情况下，还可以转发评论相关有热度的微博，借势营销。如广西卫视制作的纪录片《广西故事》讲述了广西铜鼓，就可以转发该纪录片到微博，评论为帖子内容并添加帖子链接，借助该微博的热度引流至论坛，如图 6－17 所示。

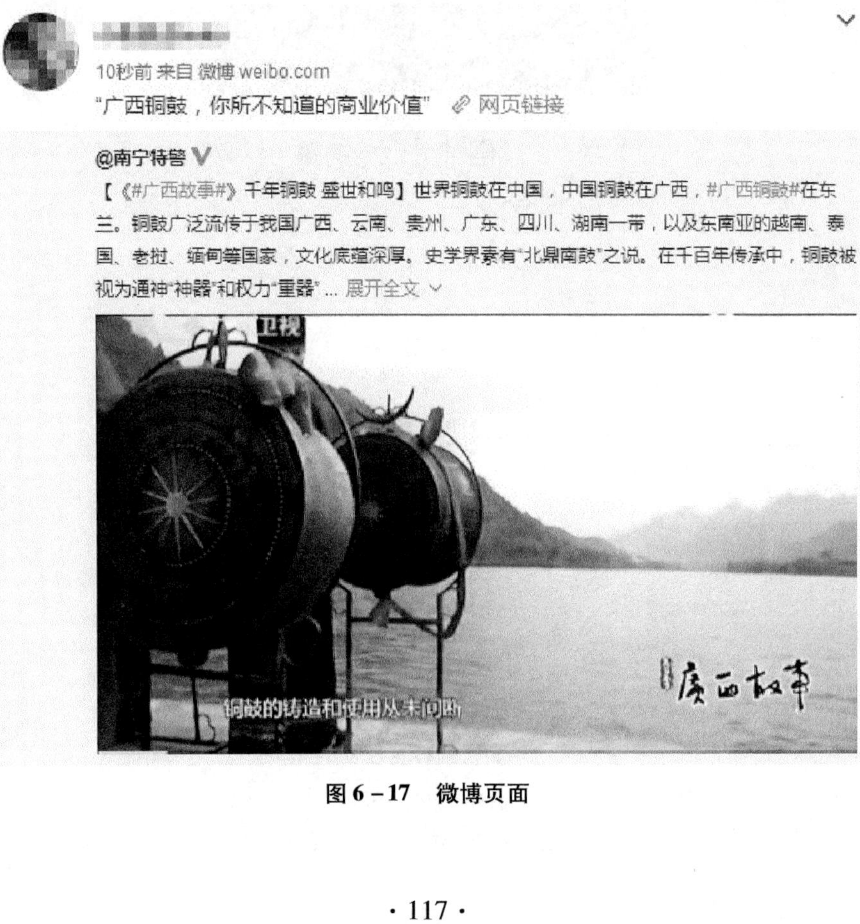

图 6－17　微博页面

2. 微信推广

微信推广分为两类：朋友圈转发和公众号推广。

朋友圈转发，指在个人朋友圈发布帖子主题内容并附上链接，呼吁好友转发至个人朋友圈或其他社群。但关于朋友圈信息分享，微信官方有严格的要求，在编写推广信息时需要注意以下几方面内容。

朋友圈信息诱导分享行为包括以下几种类型：①强制用户分享，分享后才能进入下一步操作；②利诱用户分享，分享后对用户有奖励；③胁迫、煽动用户分享，即用夸张言语来威胁、诱惑用户分享；④提示分享朋友圈，活动页面出现“分享朋友圈”等类似字样；⑤用按钮、弹层、弹窗来诱惑用户分享也属于诱导分享行为。

若发布的朋友圈内容中包含以上情况，一经发现，要立即停止链接内容在朋友圈继续传播，停止对相关域名或IP地址进行的访问，短期封禁相关开放平台账号或应用的分享接口；对于情节恶劣的情况，永久封禁账号、域名、IP地址或分享接口。

公众号推广可申请开通专用的公众号，在公众号发布内容引流，具体可参考项目二微信运营。也可以搜索相关有热度的公众号，后台联系管理员进行投稿，借助成熟有流量的公众号进行推广引流，如图6－18所示。

图6－18 微信公众号页面

3. 社群推广

社群推广是指在微信群或 QQ 群发布帖子链接，增加帖子点击率。以 QQ 群为例，可以在 QQ 搜索相关主题群，如图 6－19、图 6－20 所示。

图 6－19　搜索 QQ 群页面 1

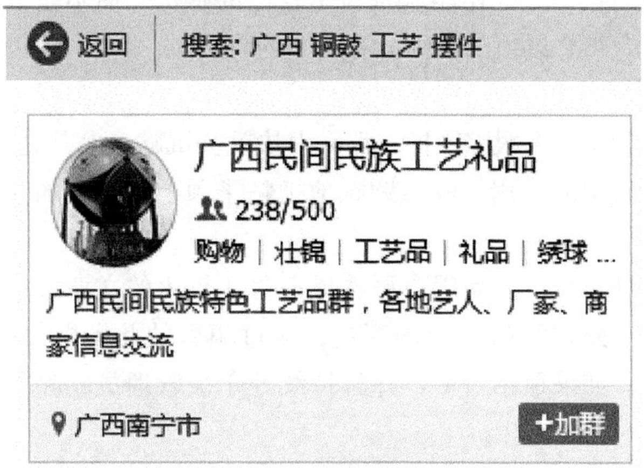

图 6－20　搜索 QQ 群页面 2

需要注意的是，申请加入 QQ 群后，切忌一入群就发论坛链接，首先应该与群内用户友好互动，积极交流。逐渐熟悉后，再发帖子信息，这样可以有效避免广告嫌疑，降低被管理员清理出群的风险，同时可以获得较好的引流效果。

五、论坛内容维护

帖子发出后，时刻关注帖子的点击量和回复量，如图 6－21 所示。点击量和回复量有一项较低时，要及时分析其原因，并积极进行维护，避免沉帖。

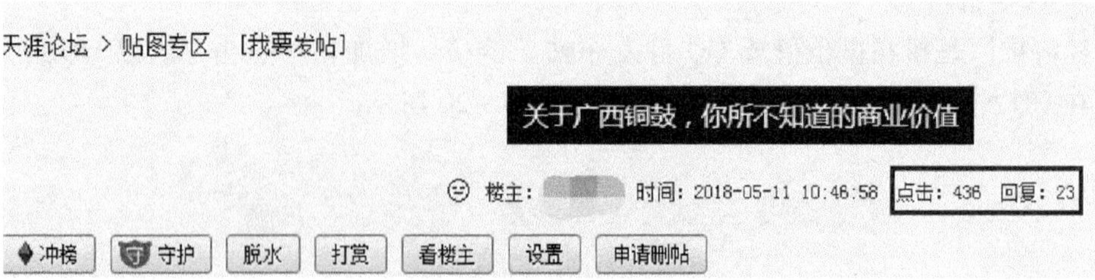

图 6－21 天涯论坛页面

以下是论坛内容维护的技巧，可以结合具体情况参考操作。

1. 解决问题

在论坛中，解答用户问题可以增加经验值或积分。但是在解答问题时，应该选择自己比较熟悉的问题，这样才能够与用户形成连续性的友好互动。此外，解答其他帖子中的问题时，最好能把自己的帖子向他人宣传，以提升帖子的关注度。

2. 积极回帖

利用论坛营销是一个循序渐进的过程，如果一味单方面地宣传自己的帖子，不与用户互动，很容易让人感觉这是广告帖。可以适当地把握好这个度，比如主动积极地去评论论坛上的热门帖，最好还能认真写出自己的感悟，而不是太敷衍，避免仅用一些客套的词语回复，持之以恒的话则会有很大的收获。

3. 踊跃顶帖

帖子发出后，如果不去跟踪维护，那么很快就会沉帖，尤其是人气比较旺的论坛，沉帖了就不能起到营销的作用。应该踊跃地把帖子顶上去，增加存在感，进而被目标用户所浏览。

此外，还可以针对自己产品用户群选择一些比较火的文章进行顶帖。注意顶帖时不要回复“好帖”“路过”等苍白的评论，太过频繁的此类操作，如被管理员发现，会被直接删除帖子。如果顶帖过多，并且持续处于被管理员删除的状态，很容易导致网站降权。

4. 邀请好友

帖子发布完毕之后，应该第一时间邀请论坛好友参与话题讨论，以增加帖子的浏览量。

任务总结

本小节主要讲解了论坛选择与账号建立、论坛内容策划、论坛内容编辑、论坛内容引流和论坛内容维护，致力于培养学生独立建立账号并运用论坛进行营销的能力。在学习过程中，要在仔细阅读教材的基础上完成实际操作，并重点掌握论坛内容策划和内容维护的方法。

任务评价

<table>
<tr><th colspan="6">任务评价表</th></tr>
<tr><td colspan="2">任务完成方式</td><td colspan="4">□小组协作完成
□个人独立完成</td></tr>
<tr><td colspan="5">评价点</td><td>分值</td></tr>
<tr><td colspan="5">是否最终完成论坛账号的建立</td><td>20</td></tr>
<tr><td colspan="5">能否依据阶段性目标策划选题</td><td>20</td></tr>
<tr><td colspan="5">是否完成论坛图文编辑</td><td>20</td></tr>
<tr><td colspan="5">能否借助其他新媒体平台完成内容引流</td><td>20</td></tr>
<tr><td colspan="5">是否掌握内容维护的技巧</td><td>20</td></tr>
<tr><td colspan="6">任务总成绩：</td></tr>
<tr><td>自我
评价</td><td>（20%）</td><td>小组
评价</td><td>（20%）</td><td>教师
评价</td><td>（60%）</td></tr>
<tr><td colspan="6">存在的主要问题</td></tr>
<tr><td colspan="6"></td></tr>
</table>

延伸练习

背景：

广西横县是中国最大的茉莉花生产基地，被原国家林业局、中国花卉协会命名为“中国茉莉之乡”。横县茉莉花世界闻名，茉莉花茶因融茶叶之味、鲜花之香于一体，受到很多品茶者的青睐。小吴的网店主要经营广西横县茉莉花茶，为了能够促进产品销售、提升知名度，小吴准备利用论坛进行引流，请帮助小吴完成此次论坛营销的实施。

步骤分解：

（1）分析产品特性，提炼出有效的卖点。

（2）结合百度指数分析用户特征，确定目标用户群。

（3）根据以上两步，选择合适的论坛，并策划选题。

（4）编辑论坛帖子内容并发布。

（5）进行论坛营销引流和维护。

任务二　问答营销

任务前导

问答营销是借助问答社区进行口碑营销的一种方式，通过遵守问答站点的发问或回答规则，巧妙地运用图文、视频等形式将自己的产品和服务植入问答里面，实现第三方口碑效应。那么，如何进行问答营销？我们将以一家经营广西民间手工艺品——壮锦壮绣布艺铜鼓的网店为例，展开问答营销的学习。

任务实施

要充分理解什么是问答营销，需要分别从以下三个部分展开学习：问答平台选择与账号建立、问答内容的设计与编辑、问答内容推广与维护。

一、问答平台选择与账号建立

问答平台选择与账号建立需要从以下两个方面进行学习：问答平台选择、账号建立。

1. 问答平台选择

问答平台是新媒体营销中常用的一种平台类型，最具代表性的有百度知道、搜狗问问、天涯问答、360问答、知乎等。

壮锦壮绣布艺铜鼓是广西壮族民间手工艺品，可以作为朋友、同学之间互赠的礼品，或外地游客购买的纪念品，但是代表广西铜鼓文化的壮锦壮绣布艺铜鼓目前的知名度还不够高，尤其是在年轻人当中。

通过在百度知道、搜狗问问、天涯问答、360问答、知乎等问答平台中搜索“布艺铜鼓”等相关关键词发现，知乎平台上关于广西布艺铜鼓的介绍内容丰富，数量较多。而知乎作为知识社交性的平台，其关注度正不断上升且平台用户多为年轻人，因此，我们可以选择知乎平台做账号注册和内容发布。

2. 账号建立

知乎平台账号建立的具体操作步骤如下。

步骤1：搜索知乎，进入注册登录页面，如图6－22所示。根据提示输入手机号，点击“获取短信验证码”按钮，输入收到的短信验证码，点击“注册”。

图 6－22　知乎账号注册

步骤 2：根据提示设置用户名和密码，点击“进入知乎”，如图 6－23 所示。

图 6－23　设置用户名和密码

步骤3：完成上述操作后，进入“你的职业或专业是什么”页面，输入相应职业或专业，点击“完成”，如图6-24所示。

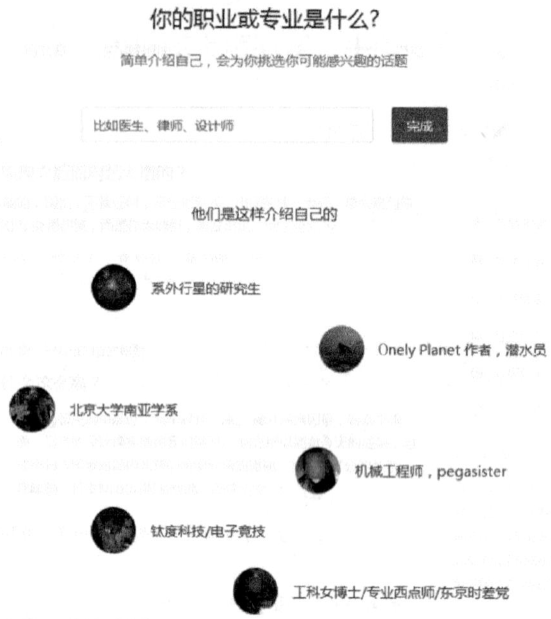

图6-24　职业或专业选择

步骤4：在“你想关注哪些话题?”页面，选择需要关注的话题，点击“进入知乎”后进入知乎首页，如图6-25所示。

图6-25　关注话题选择

至此，问答营销平台选择和账号建立操作完成。

二、问答内容的设计与编辑

1. 问答内容的设计

步骤1：确定主题。进行问答营销，首先要确定主题，才能有针对性地进行设计，达到更好的营销效果。这里我们将主题确定为“壮锦壮绣布艺铜鼓”创意礼品。

步骤2：确定内容呈现形式。常见的内容呈现形式有文字、图片、图文结合、视频等。根据壮锦壮绣布艺铜鼓的宣传推广需要，可以选择图文形式进行。

2. 问答内容的编辑

步骤1：选取关键词。做问答营销推广，必须明确关键词，选择准确、合理的关键词，会让问答营销更具有穿透力。

壮锦壮绣布艺铜鼓是体现广西特色铜鼓文化的民间手工艺品，在关键词选取中，可以提炼出如“铜鼓”“布艺铜鼓”“手工艺品”等关键词，在设计时可以从选取的关键词出发进行提问。

步骤2：设计问题。问答营销问题设计主要从以下三个方面进行。

第一，围绕选取的关键词设计问题和组织语言，如可以将问题设计为“在广西旅游，想买一些具有当地特色的礼物送朋友，大家觉得买什么合适呢”。通过问题情境的设计，不仅可以让用户了解壮锦壮绣布艺铜鼓是广西特色手工艺品，而且体现了产品可以用来送朋友这一特性。

第二，可以添加关键词作为话题，增加用户在搜索时所设计问题被搜索到的概率，提高产品的关注度。

第三，在“问题描述”部分添加相应的图文说明，帮助用户进一步了解壮锦壮绣布艺铜鼓的详细信息。

步骤3：发布问题。问答内容发布的具体操作如下。

第一，登录并进入知乎平台，点击“提问”，如图6－26所示。

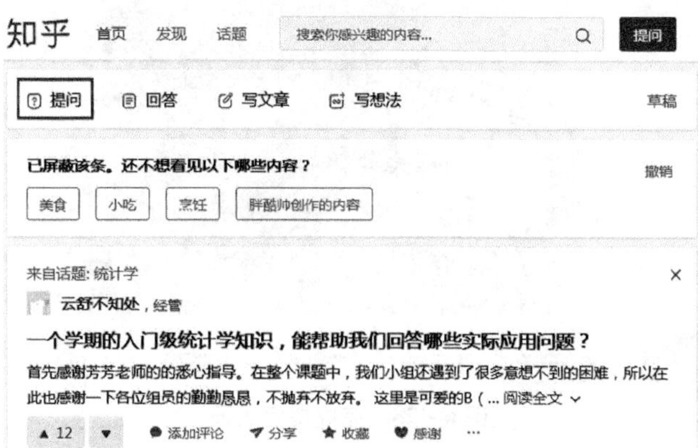

图6－26　点击“提问”按钮

第二，执行上述操作后，进入问题撰写页面。依次在“问题标题”框中输入设计好的问题、在“添加话题”框中添加与问题相关的话题、在“问题描述”框中对问题所涉及的产品进行图文描述，如图6－27所示。

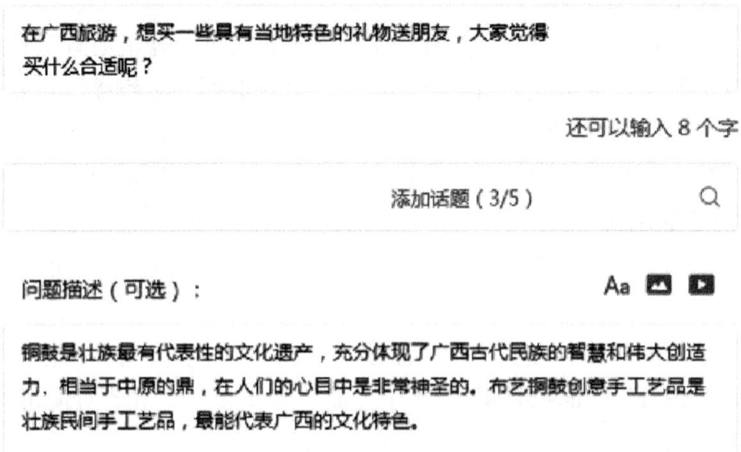

图6－27　问题撰写页面

第三，执行上述操作后，点击“提交问题”，完成提问，如图6－28所示。

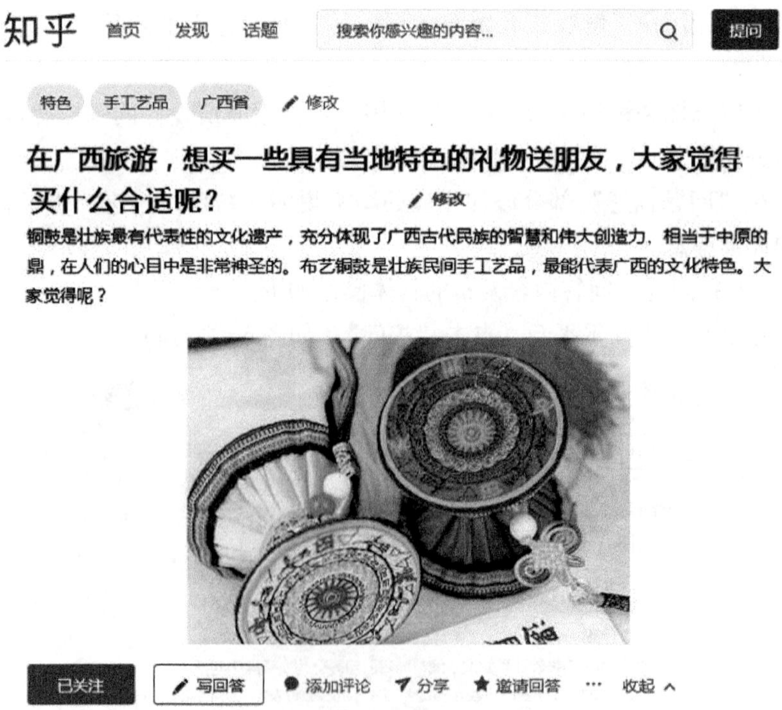

图6－28　完成提问页面

至此，问答内容的设计与编辑操作完成。

三、问答内容推广与维护

完成问答平台内容发布之后，接下来需要进行问答内容的推广与维护，可以从以下两个方面进行。

1. 问答内容的推广

对壮锦壮绣布艺铜鼓手工艺品进行推广时，可以通过以下操作步骤进行。

步骤1：点击问题展示页面的“写回答”，可以对所设计问题进行相应的回答，通过强调产品的特性来引起用户关注，完成之后点击“提交回答”即完成写回答操作，如图6－29所示。

图6－29　编辑回答

步骤2：点击问题展示页面的“添加评论”按钮，可以进一步对问题回答进行补充说明，达到产品的推广宣传效果，完成之后点击“评论”即完成评论操作，如图6－30所示。

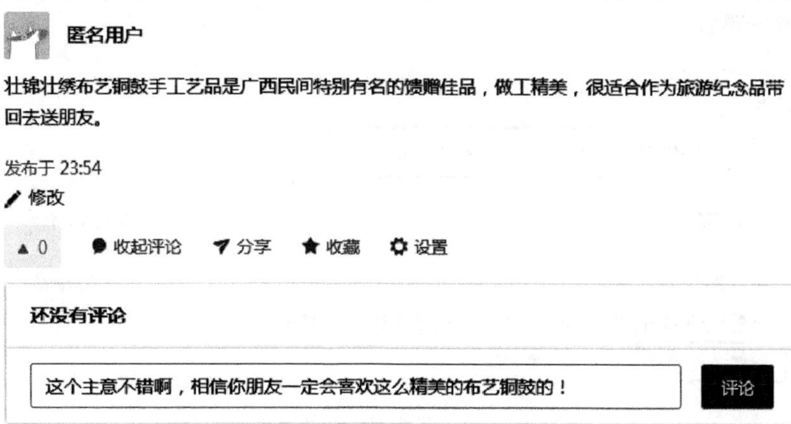

图6－30　添加评论

步骤3：点击“分享”，即可复制问题链接或者将问题分享到新浪微博、微信等其他平台，如图6－31所示。

图6－31　问题分享

步骤4：在实名状态下，可以点击“邀请回答”，邀请身边的同学和朋友进行问题回答，同时对问题的回答及评论进行分享、收藏、点赞等其他推广操作，如图6－32所示。

图6－32　其他推广操作方式

2. 问答内容的维护

在问答营销中，需要对所推内容进行定期维护，具体要求如下。

（1）第一个星期回答问题保持每日 1 ~2 次，大约一个月之后回复数量可以慢慢增加。

（2）不用新号刷回答，被封号的风险较高。

（3）切忌照搬其他用户的回答，一般会被系统删除，严重的会被举报。

（4）尽量不要在文段中留下联系方式，同样会被删除，但是不至于被封号。

（5）如果能够把账号升到“大 V”级别，可以在知乎专栏中留下联系方式、二维码、链接等，这都是允许的。

在掌握了这些维护账号的技巧之后，可以发动自己身边的同学和朋友关注并主动参与回答，从而提升问题的关注度。

至此，问答内容的推广与维护操作完成。

任务总结

本小节主要讲解了问答平台选择与账号建立、问答内容设计与编辑、问答内容推广与维护。通过本节内容的学习，需要重点掌握问答营销的内容设计以及问答营销的推广，并能够运用所学技能独立进行问答营销的操作。

任务评价

<table>
<tr><td colspan="6">任务评价表</td></tr>
<tr><td colspan="2">任务完成方式</td><td colspan="4">□小组协作完成
□个人独立完成</td></tr>
<tr><td colspan="5">评价点</td><td>分值</td></tr>
<tr><td colspan="5">问答营销平台选择是否合理</td><td>20</td></tr>
<tr><td colspan="5">内容设计是否符合产品宣传要求</td><td>20</td></tr>
<tr><td colspan="5">内容编辑操作步骤是否准确</td><td>20</td></tr>
<tr><td colspan="5">推广方式选择是否合理</td><td>20</td></tr>
<tr><td colspan="5">平台维护操作是否符合要求</td><td>20</td></tr>
<tr><td colspan="6">任务总成绩：</td></tr>
<tr><td>自我
评价</td><td>（20%）</td><td>小组
评价</td><td>（20%）</td><td>教师
评价</td><td>（60%）</td></tr>
<tr><td colspan="6">存在的主要问题</td></tr>
<tr><td colspan="6"></td></tr>
</table>

延伸练习

背景：

八角是广西特有的经济树种，是制作香皂、化妆品、牙膏、甜香酒、啤酒和糖果等物品的香料，又具有祛风、健胃、祛痰、止咳等药用价值，是广西重要的出口物资之一。小李的网店就经营这种香料，但生意一直不温不火，有朋友建议小李借助百度知道问答营销以提升产品知名度，请帮助小李完成问答营销的策划和实施。

步骤分解：

（1）分析产品特性，提炼出有效的卖点。

（2）结合百度指数分析用户特征，确定目标用户群。

（3）根据以上两步，完成百度知道问答营销账号注册，并策划选题。

（4）编辑问答内容并发布。

（5）进行问答内容引流和维护。

项目七　常见自媒体平台营销

任务一　常见自媒体平台介绍

任务前导

随着互联网技术的发展，新媒体为自媒体的发展提供了优质平台，打破了传统媒体“一统天下”的格局，而自媒体这种高速发展的态势也使其成为时下流行的营销方式。接下来，我们将介绍常见自媒体营销平台类型及特点。

任务实施

这里我们主要介绍目前主流的百度百家号和搜狐号。

一、百家号

百家号是百度旗下的内容生产平台，于2016年9月28日正式开放。百家号支持内容创造者轻松发布文章、图片、视频作品，未来还将支持H5（全称HTML5，是指HTML的第5个版本，是描述网页的标准语言）、VR、直播、动图等更多内容形态。

在百家号发布的内容一经提交，将通过手机百度、百度搜索、百度浏览器等百度系列产品多渠道传播，为自媒体人更大范围增加曝光量，这是其他自媒体平台难以媲美的。并且百家号会依据用户搜索习惯推荐相关文章，而在内容变现方面，百家号为内容创造者提供广告分成、原生广告和用户赞赏等多种变现机制。

需要注意的是，百家号在注册时，领域一旦选定，就不能修改，所写内容应符合平台所要求的“垂直性”，这使得百家号更适合在某个专业擅长或者某个领域有较多资源的自媒体人。

1. 百家号的申请

申请百家号时有个人和机构两个类别可供选择。“个人”适合垂直领域专家、意见领袖、评论家等独立写作人士申请；“机构”适合媒体、企业或其他以生产内容为主的组织或团体申请。

步骤1：百度搜索“百家号”，然后点击官网进入，或者直接输入网址（https：//baijiahao. baidu. com/）进入百家号平台界面，如图7－1所示。

图7－1　百家号官网

步骤2：在官网页面点击“注册”，如图7－2所示。

图7－2　百家号页面

注册百家号必须有百度账号。单击“立即注册”即可注册百度账号，或者使用短信快捷登录，验证手机号即登录，未注册将自动创建百度账号，如图7－3、图7－4所示。

单击“立即注册”后，输入用户名、手机号和密码后即可注册百度账号，如图7－5所示。需要注意的是，一个手机号只能注册一个百家号。

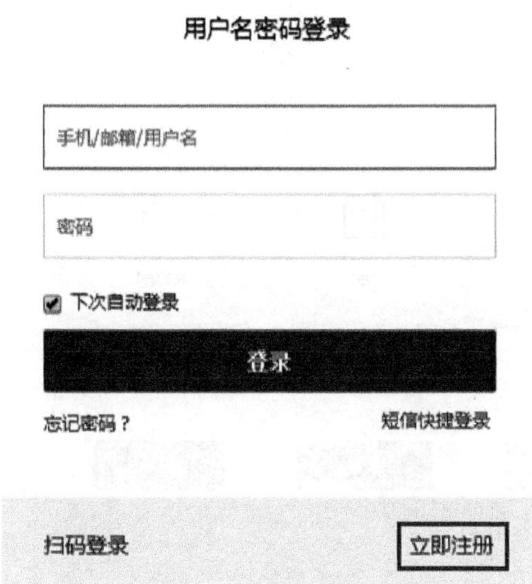

图 7－3　百家号登录页面

图 7－4　百家号短信快捷登录界面

图 7－5　百家号注册页面

步骤 3：进入百家号后，根据自身定位及需求选择入驻类别，并完善资料。接下来以个人账号类型为例，具体需要完善的资料，如图 7－6、图 7－7 所示。

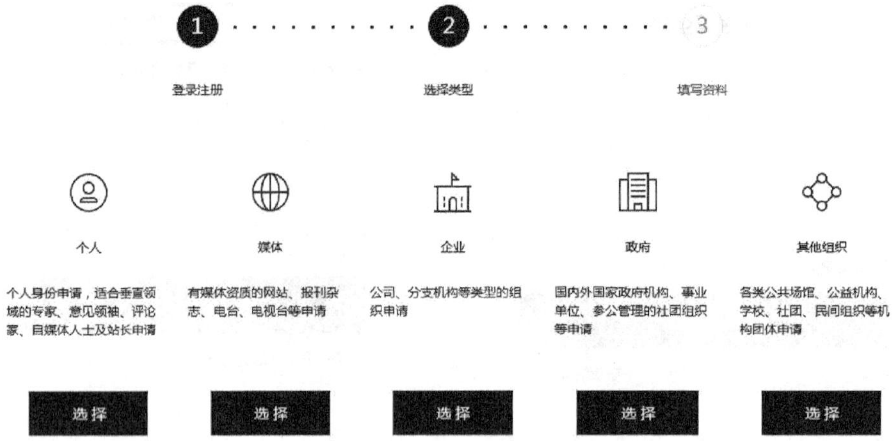

图 7－6　百家号入驻类别

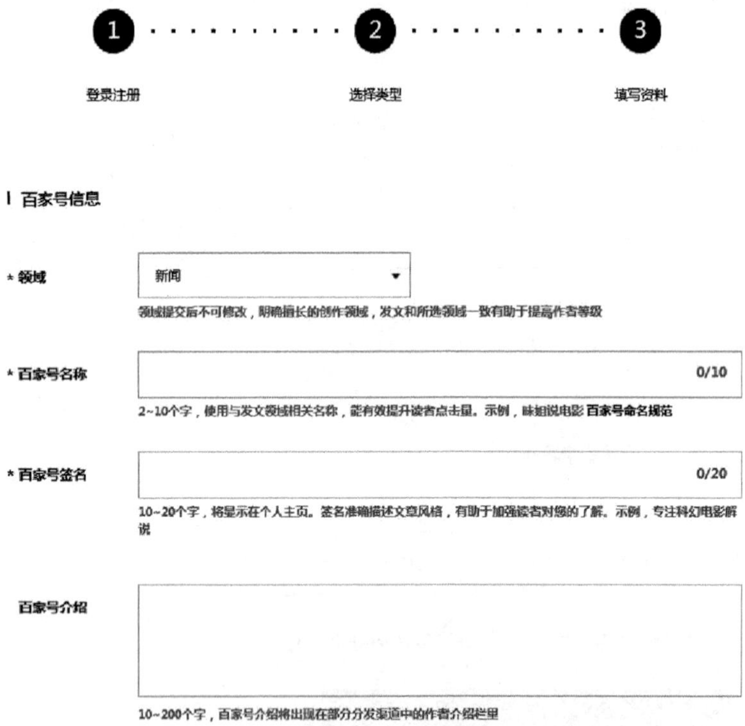

图 7－7　百家号个人账号类型资料完善

填写资料需要注意以下几点。

①百家号领域。百家号提供了新闻、娱乐、体育等三十多个领域供用户选择，用户应根据自己的特点选择相应领域。

②百家号签名。用于作者展示个人专长及标签，以便于粉丝识别。百家号签名为

10～20 个字，一经注册不可修改。

③百家号介绍。百家号介绍是审核能否通过的关键因素，申请者需要填写以往原创图文或视频作品链接，便于成功通过审核。

2. 百家号内容发布

百家号审核通过后，就可以进行内容的编辑和发布了。百家号的“发布”模块下，有两个基础功能：发布内容和内容助手。

（1）发布内容

百家号为用户提供了文章、图片、视频这三种类型内容的发布，如图 7－8 所示。

图 7－8　百家号内容类型

以发布文章为例，百家号文章标题至少为 8 个汉字，最多为 30 个汉字。此外，利用百家号编辑器可以实现精美排版。

在发表文章时，百家号有两个基础功能：分类和封面。

①分类。为文章选择分类，便于百家号将内容精准推荐给用户，以提升文章阅读量，如图 7－9 所示。

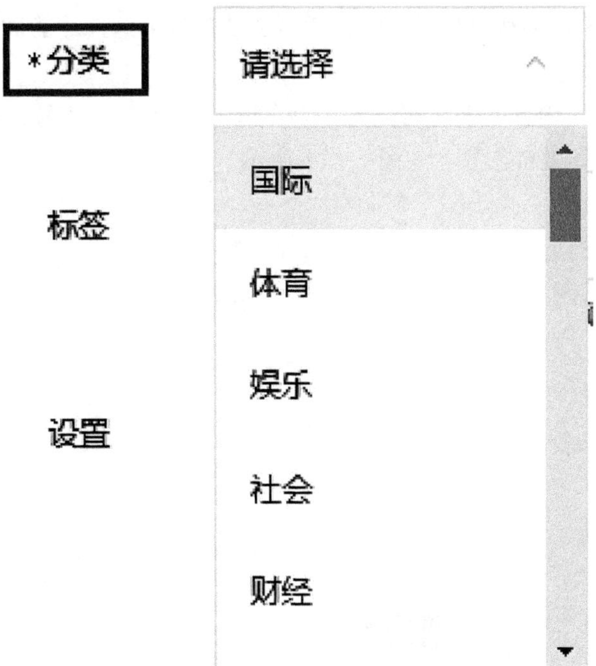

图 7－9　百家号文章分类

②封面。为文章选择封面图片，且图片均来自文章中已有的图片，选择三图封面更利于文章的传播和扩散。其中，封面图尺寸不得小于218px×146px，否则无法作为封面图，如图7－10所示。

图7－10　百家号封面设置

当文章编辑完毕，单击“发布”时，系统将弹出“选择关键词”对话框。系统根据文章内容选出若干关键词，作者可根据文章的实际归属选择最为贴切的关键词，从而便于系统的精准推荐。

百家号官方对于关键词的选取给出了三个字建议：准、精、多。

“准”指的是发布文章的时候，一定要选准文章分类，准确的文章分类对于后续选取关键词至关重要，将直接影响到推荐的数量和效果。

“精”指的是尽量选取准确的关键词，最好是文内出现的词汇。如推广广西壮锦，“广西”“壮锦”就可以作为关键词。关键词越准确，阅读反馈越好，也就有机会获得系统的更多推荐。

“多”指的是关键词数量尽量选够，能多选就多选，这样才能最大化地获得推荐。

（2）内容助手

用户可以通过“内容助手”将其他平台的文章同步至百家号，目前百家号支持微信公众号、头条号和爱奇艺号，如图7－11所示。

图7－11　百家号内容助手

可以在“内容管理”—“草稿”中找到内容助手的文章，如图 7 – 12 所示。需要注意的是，为了保证读者的用户体验，百家号平台不允许发布其他平台的推广信息。

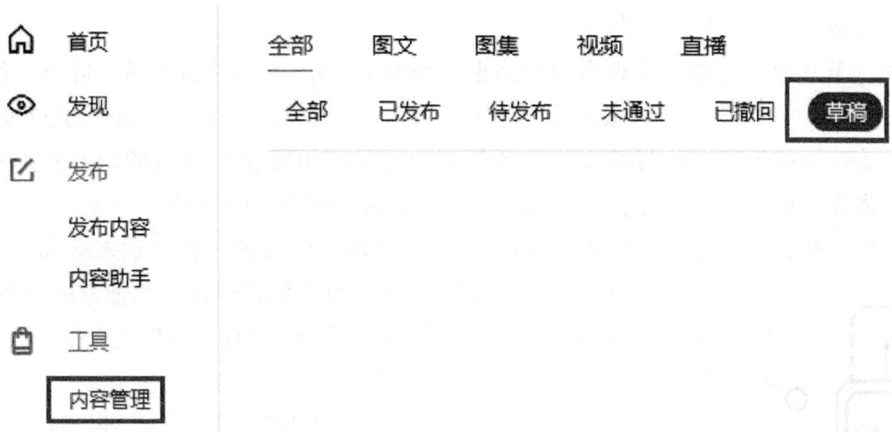

图 7 – 12　百家号内容管理

3. 百家号的运营

百家号的运营即内容的推广，需要从以下三方面着手。

首先，所发布的内容符合百家号的规范。这里重点强调百家号发文规范与其他自媒体平台不同的地方：

a. 标题不允许含有“幽默笑话”“搞笑精选”“趣味笑料”等字眼。

b. 百家号不允许发布与账号类别不符的内容。

c. 封面图不允许含有水印。

d. 图片不允许与文章标题或正文不匹配。

e. 文章中不允许带有微信公众号文字信息等任何推广内容。

其次，要提升文章内容的吸引力。内容的优劣是内容推广的根基，直接影响到文章的营销推广效果，因此作者在进行文章编写时应慎重地考虑文章的选题、内容的编写、图片的搭配。

a. 文章标题简洁有力，具备话题性且不低俗。

b. 根据文章定位选取恰当的分类。

c. 挑选合适的关键词。

d. 使用 3 张图片的封面更吸引读者。

e. 在专注领域内发文。

最后，文章内容的推广。文章要想被更多的人看到，就不能完全依靠百家号的自然流量，还需要依靠作者进行站外的推广，这其中包含了微博、微信、论坛等其他推广平台的联合推广，以达到文章内容更大范围的覆盖，增加读者看到的机会。

二、搜狐自媒体平台

搜狐自媒体平台又称“搜狐号”，是集搜狐网、手机搜狐网和搜狐新闻客户端三端资源大力推广优质内容的平台。

相比于其他自媒体，搜狐号可供入驻的领域较少，主要包括时尚、健康、教育等领域。但是，搜狐号具有亿级流量，文章只要发布一次，便可在搜狐三端同步显示。根据垂直领域的类别，编写的文章选择相应的分类即可发布至相应频道，利用搜狐三端平台强大的媒体资源，可获得可观的流量，进而达到营销的目的。

此外，搜狐号可以直接进行广告推广，只要成功入驻搜狐，在文章末端都可以插入广告链接做推广，这是非常有优势的。同时，搜狐是百度的新闻源，其搜索权重占比高，只要文章符合用户搜索习惯，便可出现在百度搜索结果中，从而获得巨大流量。

1. 搜狐号的申请

步骤1：进入搜狐号官网，点击右上角的“立即注册”，进入“注册”页面。根据提示输入相关信息，单击“立即注册”，进入“选择类型”页面并选择合适的类型，单击“申请入驻”，如图7－13、图7－14所示。

图7－13 搜狐号注册页面

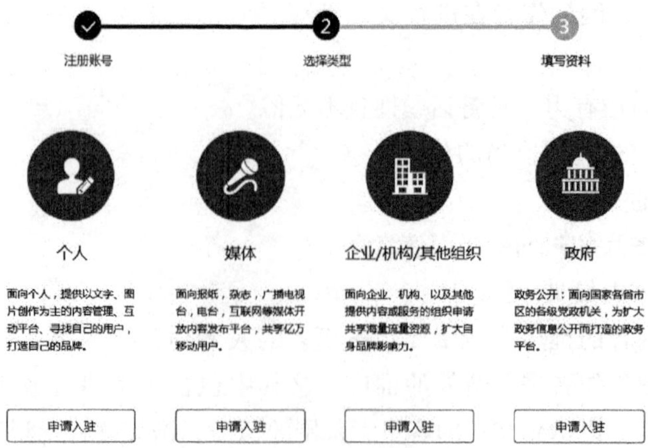

图7－14 搜狐号入驻类型

步骤2：以“个人”申请入驻为例，执行操作后，进入“填写资料”页面并进行主体信息登记，运营者需要填写姓名、证件号码和上传证件照片等信息，如图7－15所示。

图7－15　搜狐号信息登记1

步骤3：完成“主体信息登记”后，还需要进行“搜狐号信息登记”，填写账号名称、账号介绍、账号头像和领域等信息，并勾选“同意《搜狐公众平台服务协议》”复选框，然后点击“提交”，如图7－16所示。

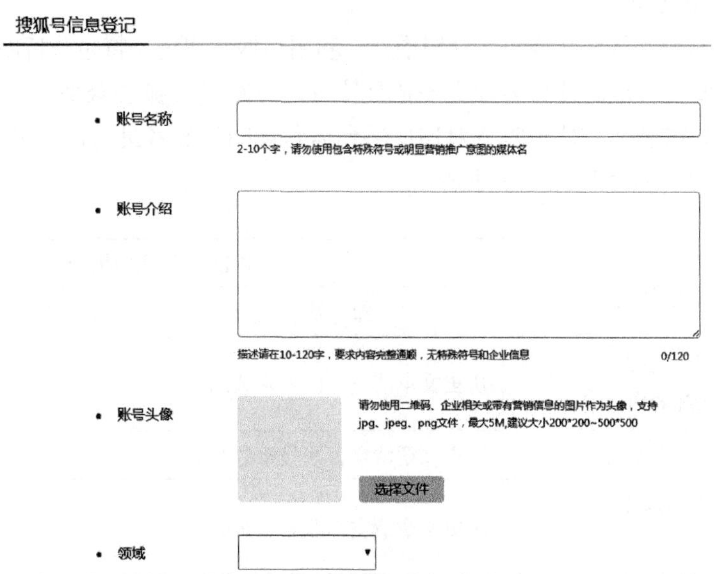

图7－16　搜狐号信息登记2

步骤4：搜狐号注册完成后，用户可以在登录页面使用普通登录、手机动态码登录或第三方平台登录的方式进行登录，如图7－17所示。

图7－17　搜狐号登录页面

需要注意的是，一旦入驻搜狐号，登录方式是无法更改的。因此，搜狐官方建议公共维护的平台账号不要使用私人邮箱、手机号等注册，也尽量避免使用私人微信、微博等第三方合作账号授权登录搜狐。

2. 搜狐号的运营

搜狐号的运营可从发文规范、处罚措施、利用高搜索权重、特色分析四个步骤展开。

步骤1：发文规范。搜狐号发文规范具体可以查阅《搜狐公众平台运营规范》。

步骤2：处罚措施。搜狐官方对违反平台运营规则的账号进行严厉处罚，其中最严重的是永久封号，具体情况如下表所示。

违规行为描述	违规次数及惩罚措施		
	第一次	第二次	……
发布反动、色情、暴力、赌博及其他违反法律法规的内容	历史文章清空，账号永久封禁		
非常规手段入驻公众平台	历史文章清空，账号永久封禁		
经举报或其他途径核实确认为冒用他人身份入驻	历史文章清空，账号永久封禁		

步骤3：学会利用高搜索权重。搜狐号是传统的门户网站巨头，其强大的搜索优势，使得文章可以快速被纳入搜索引擎中。

步骤4：搜狐号特色分析。搜狐号相比其他自媒体平台有其显著的特色，其中较为明显的是免费广告栏推广和添加广告链接。

①免费广告栏推广。可以在搜狐公众平台的后台“推广”项目栏中添加两则广告信息。

②添加广告链接。除了可以在自己的搜狐号添加广告栏推广公众号之外，还可以添加电商链接。如果有自己的网店，可以直接将店铺链接添加到广告栏中，售卖商品获得收益。

任务总结

本小节主要介绍了常见自媒体平台，致力于加强对常见自媒体平台的区分认识以及运用能力。在学习过程中，要在仔细阅读教材的基础上完成实际操作，并重点区分QQ 公众号和微信公众号。

任务评价

<table>
<tr><td colspan="6">任务评价表</td></tr>
<tr><td colspan="2">任务完成方式</td><td colspan="4">□小组协作完成
□个人独立完成</td></tr>
<tr><td colspan="5">评价点</td><td>分值</td></tr>
<tr><td colspan="5">是否最终完成百家号的建立</td><td>20</td></tr>
<tr><td colspan="5">是否掌握百家号的发文规范</td><td>20</td></tr>
<tr><td colspan="5">是否明确 QQ 公众号与微信公众号的区别</td><td>30</td></tr>
<tr><td colspan="5">是否明确搜狐号永久封号涉嫌的违规行为</td><td>30</td></tr>
<tr><td colspan="6">任务总成绩：</td></tr>
<tr><td>自我
评价</td><td>（20%）</td><td>小组
评价</td><td>（20%）</td><td>教师
评价</td><td>（60%）</td></tr>
<tr><td colspan="6">存在的主要问题</td></tr>
<tr><td colspan="6"></td></tr>
</table>

延伸练习

背景：

小青想要借助自媒体平台推广家乡的特产沙田柚，但他对主流自媒体平台并不是很熟悉，于是计划系统了解百家号、QQ 公众号、搜狐号这三个平台，并简单发布与沙田柚相关的内容。

步骤分解：

（1）分别按步骤完成百家号、QQ 公众号、搜狐号这三个平台账号的注册，需要注意不同账号注册时的要点。

（2）账号注册成功后，熟悉不同平台的发文规范。

（3）分析各个平台的易操作性，结合自身需求选择其中一个平台发文。

（4）按照选定的平台要求完成第一次发文。

任务二　今日头条

任务前导

在任务一中，我们介绍了百家号、搜狐号、QQ 公众号的相关营销知识，此外，“今日头条”也是备受欢迎且非常重要的一个自媒体营销渠道，它与微信、微博被称为“两微一端”。那么，如何在今日头条展开营销？接下来我们将以广西最具特色的工艺品壮锦壁挂为例展开讲解。

任务实施

今日头条营销需要从四个方面展开操作：账号建立、内容策划、内容编辑及内容运营。

一、今日头条账号建立

今日头条账户申请可以在 PC 端或移动端完成，申请步骤一样，现在以网页端为例学习账号建立。

步骤 1：进入今日头条平台界面。百度搜索“今日头条”，然后点击官网进入，或者直接输入网址（https：//www. toutiao. com/），进入今日头条平台界面，如图 7－18 所示。

图 7－18　今日头条

步骤 2：进入今日头条主页，点击页面右上方“登录”，进入注册页面，如图 7－19 所示。

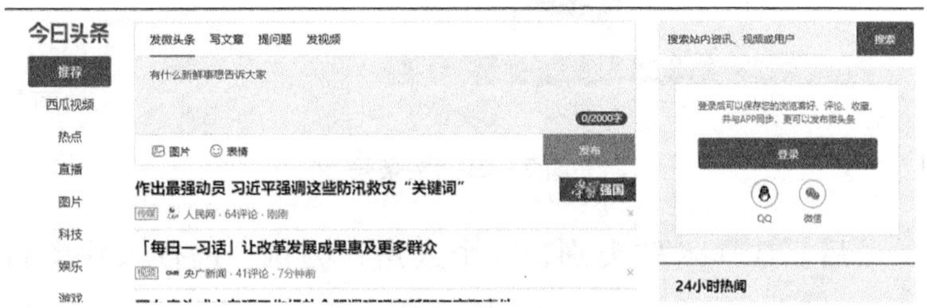

图 7－19　今日头条主页

进入登录界面后，输入手机号并获取验证码登录。一个手机号仅能注册一个头条号，当然，也可以用其他社交账号登录，如邮箱、QQ、微信等，如图 7－20 所示。

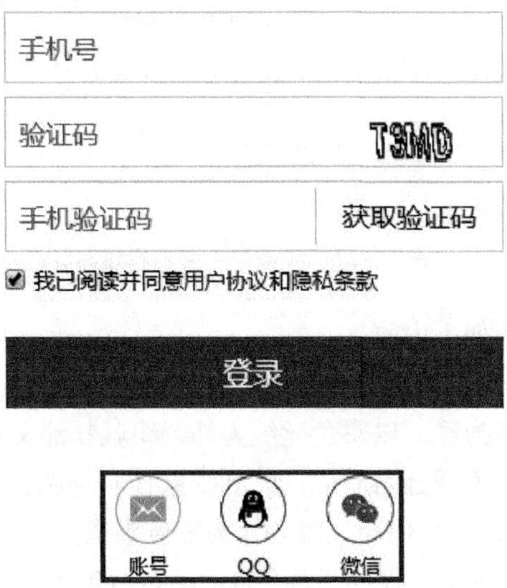

图 7－20　今日头条登录界面

步骤3：登录成功后，点击右上角“头条产品”中的“头条号”，如图7-21所示。

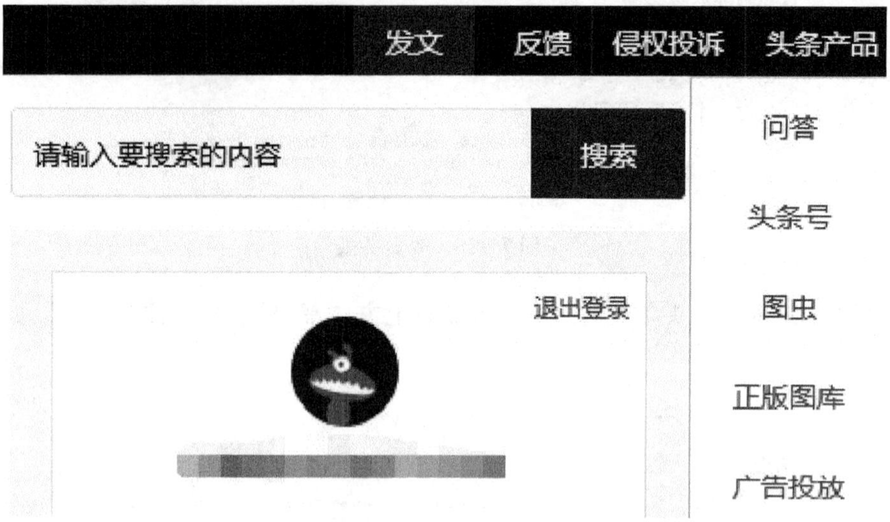

图7-21　头条号

进入头条号后，选择入驻类别，以个人用户为例，进行入驻资料的填写，如图7-22所示。

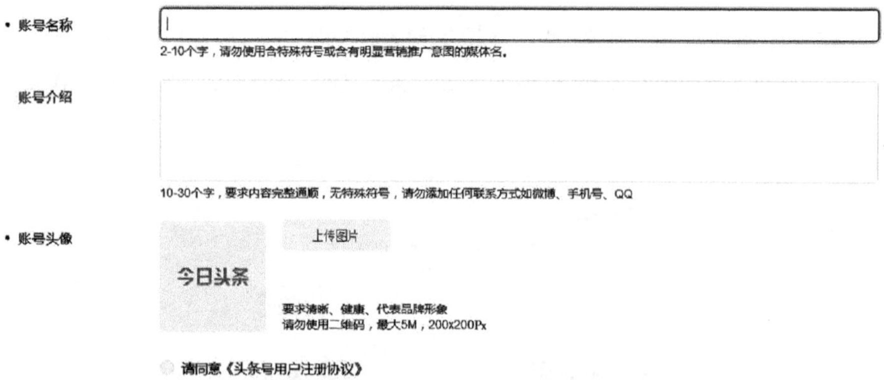

图7-22　头条号入驻资料填写

具体填写内容可参考如下内容。

①账号名称：壮锦文化密码。

②账号介绍：以棉纱为经，以彩色丝绒为纬，织就壮锦文化。

③账号头像：可选择美观且品质优良的壮锦壁挂实物图，图片需保证清晰无水印，最大5M。需要注意的是，请勿使用二维码作为账号头像。

步骤4：完成头条号的注册后，页面会自动跳转至头条号的后台，在该页面用户可以完成内容的发布、管理、分析等操作，如图7-23所示。

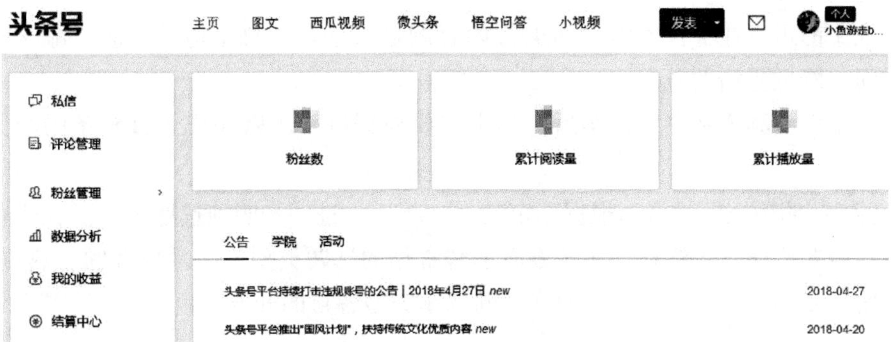

图 7－23　头条号页面

二、今日头条内容策划

在建立了自己的头条号后，接下来就要着手内容策划。进行内容策划首先需要有整体性的思考与规划，分别从以下三个方面展开。

1. 发文频道

在今日头条资讯涵盖的二十多个领域中，根据要营销的产品选择自己发文要涉及的领域，以计划进行营销的工艺品壮锦壁挂为例，因广西旅游特色较为突出，可选择在旅游频道进行发文，更方便目标群体接收到营销信息，如图 7－24 所示。

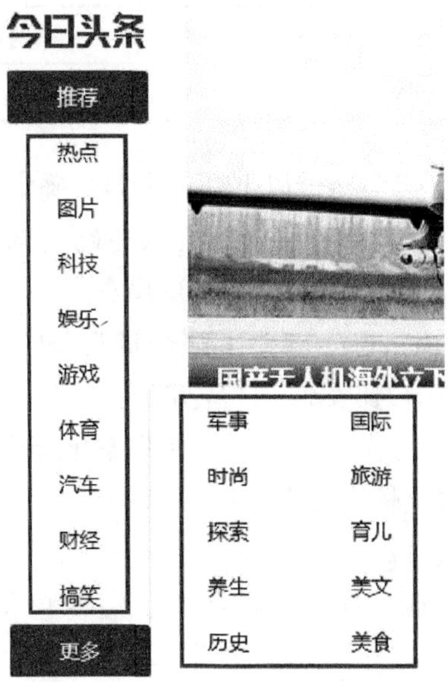

图 7－24　今日头条发文频道

2. 发文方案

学生要确定自己在该平台发布文章的具体安排，比如安排每周发几篇文章等。

3. 观察平台

在发文前可以在平台搜索发布类似内容的账号学习，总结他人经验，减少自我摸索的时间，降低犯错的概率。

确定了发文频道和发文方案后，学生需要根据以下步骤完成今日头条内容策划的操作。

步骤1：明确选题类型。根据选定的发文频道，进一步明确选题类型。在进行这项操作时，需要广泛收集资料，从多方面了解常见的选题类型，如常规选题、热点选题、系列选题、专项选题，并进一步明确不同选题类型各自的开发特色。

选题类型	开发特色
常规选题	
热点选题	
系列选题	
专项选题	

步骤2：确定选题方式。根据上述收集的选题类型确定选题方式。确定选题方式时，学生可以根据自己的特长或产品的特点选择合适的选题方式。如广西壮锦壁挂营销，因壮锦丰富的文化内涵，就可以选择系列选题多角度、多层次展开营销。

广西壮锦选题方式	系列选题
学生选题方式	

步骤3：确定选题内容。需要结合以下几项内容，确定最终选题。

①考虑目标受众：营销要具有指向性，所以在确定选题时要充分考虑目标受众，并结合大部分受众的喜好，尽可能切中目标客户痛点。

在今日头条进行产品营销，首先需要了解今日头条的用户画像。通过百度指数分析可知，从性别来看，男性用户比女性用户比例高，因为女性除了资讯需求外，在购物、美妆等需求巨大；从用户年龄结构来看，用户偏年轻化，20 ~ 29 岁用户占比最高，30 ~ 39 岁，40 ~ 49 岁用户占比较为突出，如图 7 – 25、图 7 – 26 所示。

形成这种分布态势主要有以下三个原因。

a. 今日头条资讯形式丰富多样，包括图文、短视频和直播，符合用户的多场景需求。

b. 今日头条内容丰富，频道类型多，满足多种用户的喜好。

c. 采用千人千面的精准推荐模式，用户只接收自己感兴趣的内容，符合当前年轻人对资讯个性化、定制化的需求。

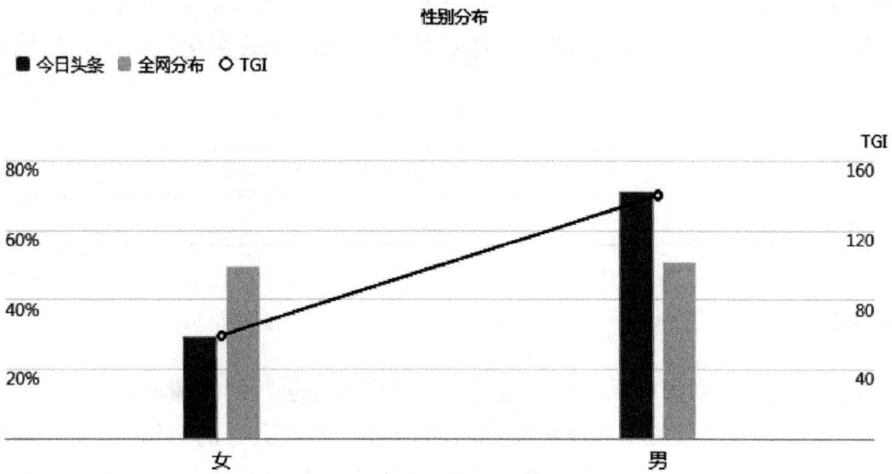

图7－25　今日头条用户性别分布

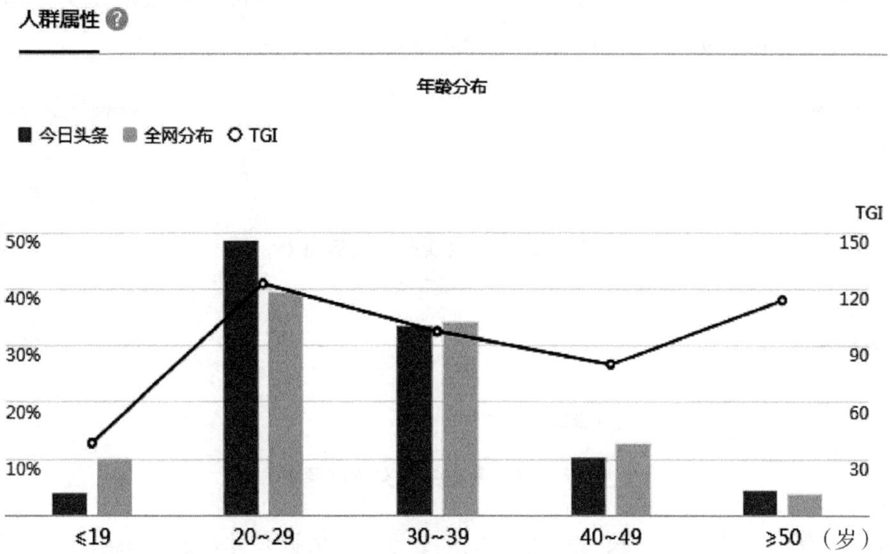

图7－26　今日头条用户年龄分布

熟悉了今日头条用户画像后，结合具体数据进一步细化广西壮锦壁挂的目标用户画像，如喜欢传统文化、热爱手工艺产品、具有一定的艺术修养等。围绕这些内容，可以初步确定选题内容要围绕这几项展开。

②具有话题性：选题需要具备可操作性、时效性、话题性和传播性，这样才能在用户间形成传播效应。因为今日头条的用户偏年轻化，选题内容的设置还要考虑目标用户年轻化的特性，用语可以相对活泼，创造利于传播的内容，如“纯手工制作的壮锦，你没见过的文化艺术”。

③围绕主体：选题要与主体产品定位一致，不能生造概念，杜撰历史。

结合上述内容，广西壮锦营销可以针对壮锦是我国优秀文化遗产以及壮锦的纺织工艺展开。

广西壮锦选题	优秀文化遗产、壮锦的纺织工艺
学生选题类型	

三、今日头条内容编辑

今日头条内容策划完成后，可以通过以下步骤着手进行内容编辑。

步骤1：编写文章标题。根据确定的选题内容，如“壮锦的纺织工艺”，编写合适的标题。由于今日头条是依据机器推荐算法驱动的，在这种推荐机制下，标题言简意赅、主题明确清晰，更有利于机器判读文章所属的领域及对应的用户群并进行推荐。此外，今日头条对标题的字数有限制，一般为5～30个字符，可依据发文规范调整、完善、编写的标题，如图7－27、图7－28所示。

图7－27　今日头条文章标题1

图7－28　今日头条文章标题2

此外，有一些共性的标题撰写技巧可供参考，可依据具体选题参考引用。

①提出疑问。可多用疑问、反问、设问等形式命名标题，也可制造悬念或利用标题营造某种情感，引发读者共鸣。

②特定视角。明确文章的目标用户，从目标用户视角出发，容易让用户有较强的代入感与认同感。

③贴近热点。善于利用高流量关键词、热门词条。

④套用公式。三段式公式：描绘内容＋引起关注＋留下悬念，如果文章非知识干货或较正规的内容，可以用三段式的标题写作手法增强故事感。如“一个人、半个世纪坚守，与千年流芳的壮锦技艺”。

⑤制造画面感。有画面感的标题更能吸引读者探究的欲望。

⑥讲故事。描述一段过往，激发读者的好奇心，可作为系列选题开发。

⑦提供实用性方案。如“探访广西壮锦传承人，讲述壮锦制作过程”。

步骤 2：确定要发表的内容类型和内容风格。头条号的内容形式包括视频、文章、图集、微头条和问答这几种。学生根据之前的规划选择合适的内容类型即可，如图 7－29 所示。以发表文章为例，这里需要结合具体选题确定内容风格。如规划内容是壮锦的纺织工艺普及知识，就可以选定图文并茂、生动活泼的叙述风格。

除了叙述风格外，还可选用抒情风格、严肃风格、幽默风格等，可以详细了解后依据具体内容规划选用。

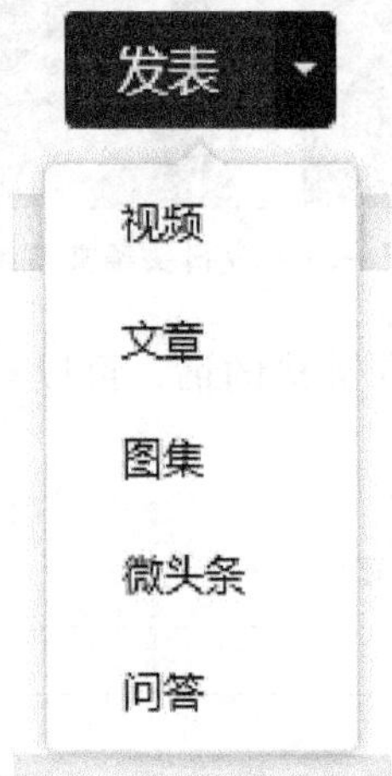

图 7－29　今日头条内容类型

内容风格	叙述
学生内容风格	

步骤 3：图文编辑。进行图文编辑需要依次在编辑框中输入标题、正文，还可插入图片、文章链接、视频、音频、投票等丰富文章内容，如图 7－30、图 7－31 所示。

图 7－30　今日头条编辑框

图 7-31　今日头条文章编辑

如果想要推送的文章在网络有链接的话，可以点击编辑框的“文章链接”选项，如图 7-32 所示。

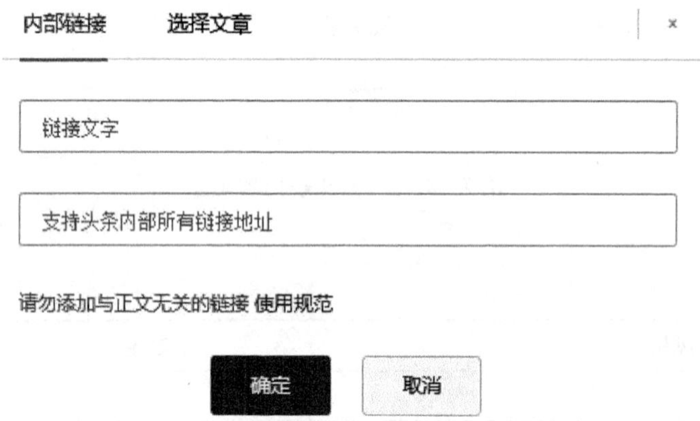

图 7-32　文章链接

步骤 4：为文章设置封面。封面可以设置单图、多图或系统随机挑选，需要注意的是，封面图片均须来自正文，如图 7-33、图 7-34 所示。

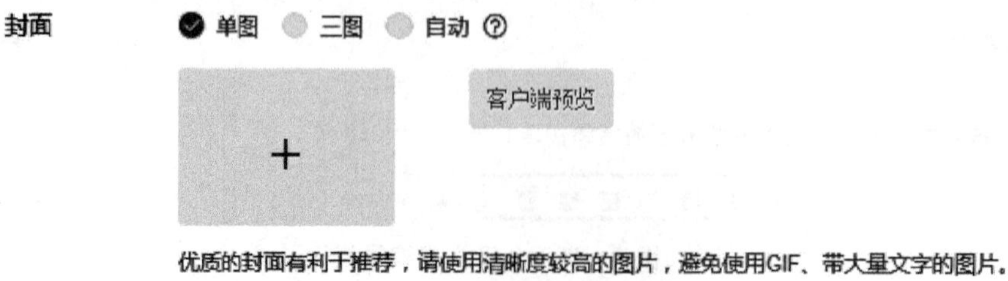

图 7-33　今日头条封面设置 1

图7－34　今日头条封面设置2

步骤5：发表文章。封面图片上传完成后，继续进行设置，可选择设置“投放头条广告”“不投放广告”“定时发送”等。设置完成后点击“发表”，等待系统审核，如图7－35、图7－36所示。

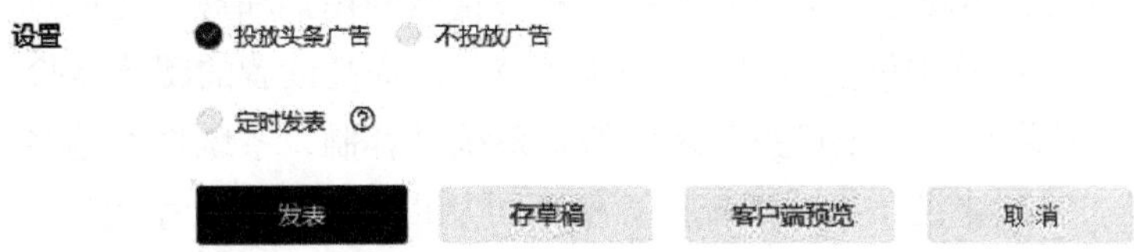

图7－35　今日头条文章设置

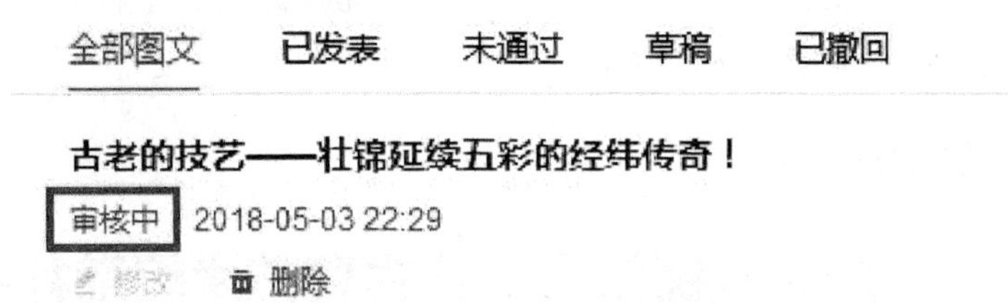

图7－36　今日头条文章审核

四、今日头条内容运营

今日头条内容运营可从发布内容的规范、标点使用规范、提升阅读量三个步骤展开。

步骤1：发布内容的规范。在今日头条中，一篇好的文章首先应该是一篇符合今日头条规范的文章，如果作者发布的文章不符合规范要求，则文章不会被系统推荐进而无法提升阅读量。

今日头条内容的规范，主要体现在格式和内容两个方面。

①格式。文章发布的格式必须遵守以下要求。

a. 标题中不可以存在错别字、繁体字、特殊的符号，标题要通顺，且不能使用全英文或者其他外文。

b. 不能发布有大段的乱码或者没有划分段落和标点符号的文章。

c. 不能发布整篇都是繁体字、英文或者少数民族文字，且无翻译或字幕的文章和视频。

②内容。对于运营内容方面的要求。

a. 不能发布标题党式的文章。

b. 不能发布涉嫌色情、低俗的文章。

c. 不有含有广告信息。

d. 不能发布旧闻或重复文章。

e. 不能发布不实文章。

f. 不能发布低质的文章。

g. 不能发布违背现行政策与法律法规的文章。

步骤2：标点使用规范。优秀内容需要具备精当的用词和规范的标点。为此，今日头条官方出台了《标题中标点符号的使用规范》，以提高读者的阅读体验。

步骤3：提升阅读量。今日头条采用的是系统推荐制，系统推荐越多，文章的阅读量会相应提高。一般来说，提升系统推荐概率可从以下几方面着手完善。

①合理的标题。一个好的标题无疑对文章的阅读量起着关键性的作用。标题命名的技巧会随着写作能力的加强而提升，但是对于一般的用户而言，标题的命名需要紧扣内容，进而吸引用户能够点开文章。但当不具备优秀标题的命名策略时，可以先模仿优秀标题作为学习，如图7－37所示。

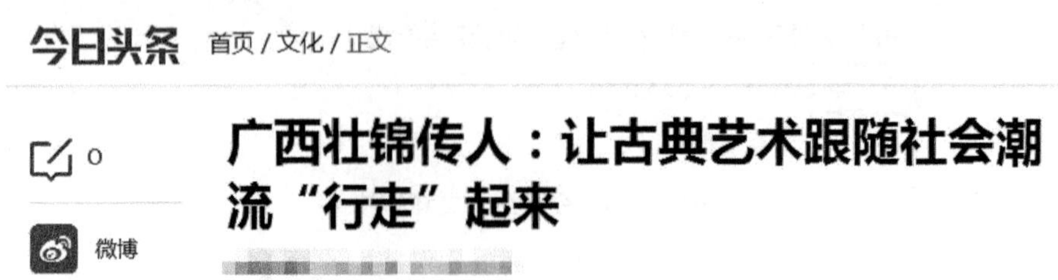

图7－37　今日头条标题示例

②社交媒体矩阵推广。今日头条的阅读量分为站内阅读量和站外阅读量两种，因此作者除了需要提升站内阅读量外，还需要提升站外的阅读量，作者可以将文章的链接通过微博、微信、QQ、论坛、百家号等其他媒体途径做进一步推广，从而达到提升阅读量的目的。

③社群。加入一些可以互推的社群，通过社群的力量提升文章阅读量。今日头条文章系统前期推荐阅读的人越多，相应的后期推荐量就会越好。所以文章写完后，可以发送至微信群，被更多人看到。

④定时发送。任何一个资讯平台都有其集中阅读的时间段，因此选择恰当的时间发送文章至关重要。一般来讲，当下人们的阅读时间主要集中在早高峰、午休、晚高峰以及晚上临睡前这四个时段，因此作者可以依据自己的文章内容选择最为恰当的发送时间。

⑤置顶文章。为了持续增加文章的阅读量，可以将其置顶，从而提升文章长时间维度的阅读量，如图 7－38 所示。

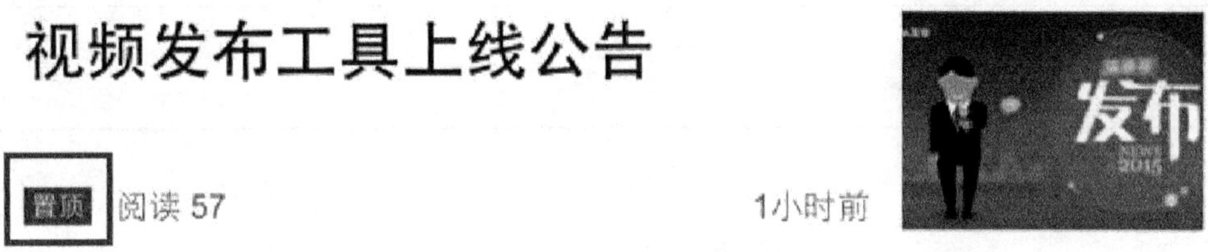

图 7－38 今日头条置顶设置

任务总结

本小节主要讲解了今日头条账号建立、内容策划、内容编辑以及内容运营，致力于培养学生独立建立账号并运用今日头条进行营销的能力。学生要在仔细阅读教材的基础上，完成实际操作，并重点掌握内容策划和内容编辑的方法。

任务评价

任务评价表	
任务完成方式	□小组协作完成 □个人独立完成

续 表

<table>
<tr><td colspan="6">任务评价表</td></tr>
<tr><td colspan="5">评价点</td><td>分值</td></tr>
<tr><td colspan="5">是否最终完成今日头条账号的建立</td><td>10</td></tr>
<tr><td colspan="5">选题是否恰当</td><td>20</td></tr>
<tr><td colspan="5">内容类型选择是否合适</td><td>20</td></tr>
<tr><td colspan="5">今日头条标题撰写是否符合平台规范且有吸引力</td><td>20</td></tr>
<tr><td colspan="5">是否完成今日头条图文编辑</td><td>20</td></tr>
<tr><td colspan="5">发布内容及标点使用是否符合规范</td><td>10</td></tr>
<tr><td colspan="6">任务总成绩：</td></tr>
<tr><td>自我
评价</td><td>（20%）</td><td>小组
评价</td><td>（20%）</td><td>教师
评价</td><td>（60%）</td></tr>
<tr><td colspan="6">存在的主要问题</td></tr>
<tr><td colspan="6"></td></tr>
</table>

延伸练习

背景：

“桂林三宝”之一的三花酒是中国米香型白酒的代表，被誉为“白酒之王”，是桂林人的骄傲。同时因其历史悠久、工艺独特、品质优良而备受中外游客的青睐。小林的网店主要经营三花酒，但因为是新店铺，关注和下单的用户较少，请协助小林在今日头条平台展开新品营销，引流至其网上店铺。

步骤分解：

（1）分析产品特性，提炼出有效的卖点。

（2）结合百度指数分析产品的用户特征。

（3）结合产品特性、用户特征策划选题内容，注意与选定的今日头条频道属性相呼应。

（4）按照今日头条发文规范和要求进行图文编辑。

（5）完成内容的发布。

项目八　新媒体舆情管理

任务一　新媒体舆情概述

任务前导

新媒体极大地促进了人类社会信息的传播与互动，带给人们传递信息的自由与便捷。但无规矩不成方圆，新媒体信息的丰富多样性需要有必要的监管手段进行约束与规范，新媒体舆情管理应运而生。那么，什么是新媒体舆情？它具有怎样的特点？接下来，我们将以广西特产——三花酒为例，论述新媒体舆情管理。

任务实施

新媒体舆情概念及特点：

新媒体舆情区别于传统意义上的舆情，具有新时代的特点。那么，什么是新媒体舆情？它具有怎样的特点？在这一章节，学生需要通过以下步骤了解新媒体舆情概念与特点。

步骤 1：通过网上查找的方式，了解什么是新媒体舆情（可在网页输入框输入"新媒体舆情""舆情""什么是新媒体舆情"等关键词）。学生以小组形式（建议每小组成员为 4 人），归纳新媒体舆情的概念，并完成下列表格的填写。

新媒体舆情概念

步骤 2：明确新媒体舆情的特点。新媒体舆情是借助新媒体平台进行舆论发声所产生的网络传播效果。区别于传统舆情，新媒体舆情具有传播迅速的特点，因为新媒体

舆情可以借助微信、微博、今日头条等多方平台，迅速进行舆论的传递与发酵，形成舆论趋势。除了传播迅速的特点外，还具有如下特点：

①传播主体多元化。

②传播节点碎片化。

③传播范围广泛化。

④传播结果扩大化。

⑤传播内容海量化。

⑥传播信息更具混淆性。

⑦传播更具及时性。

步骤3：了解新媒体舆情分析的意义。学生通过了解“二更食堂”永久停更事件，思考并了解新媒体舆情分析的意义。

2018年5月11日，二更食堂在微信公众号上发布了一篇题为《托你们的福，那个杀害空姐的司机，正躺在家里数钱》的文章，涉及空姐被杀一案，但是因为内容低俗，在文中运用了大量的不当词汇，对于死者不尊重引发了诸多网友的不满。随着舆论发酵，二更食堂被公众怒斥为“吃人血馒头”“无良媒体”“毫无底线”，当晚二更食堂发布道歉声明，称“因为审核流程把关不严，出现严重的表述不当”造成了此次的恶劣影响，对此表示歉意，但舆论并没有平息。

5月12日，浙江省网信办会同杭州市网信办约谈二更食堂主要负责人，要求其全面清理违规有害信息，严肃处理有关责任人，并限时提交整改报告。微信平台也将封闭该公众号7天。

处理结果没有让公众满意，争论还在升级。5月13日晚，二更创始人丁丰发布声明，宣布永久关停二更食堂，创始人之一李明被革职。

这件事情让二更食堂公众号土崩瓦解，让二更食堂的品牌形象也蒙上了一层阴影。

“二更食堂”的案例说明舆论事件大多始于网络，会迅速借助新媒体平台形成影响，如果不加以控制，会影响企业或品牌的形象。

舆情分析的意义就在于，有针对性地对社会舆情或企业品牌舆情进行分析，并结合分析结果对网络舆论进行优化，起到维护品牌形象和社会印象的重要作用。

任务总结

本小节需要学生了解什么是新媒体舆情以及新媒体舆情的特点，需要学生分组操作，通过网上信息收集的方式，掌握相应概念与内容。

任务评价

<table>
<tr><td colspan="6">任务评价表</td></tr>
<tr><td colspan="2">任务完成方式</td><td colspan="4">□小组协作完成
□个人独立完成</td></tr>
<tr><td colspan="5">评价点</td><td>分值</td></tr>
<tr><td colspan="5">舆情概念总结是否准确（意思表述准确即可）</td><td>35</td></tr>
<tr><td colspan="5">舆情特点罗列是否准确</td><td>45</td></tr>
<tr><td colspan="5">是否领悟舆情分析的意义</td><td>20</td></tr>
<tr><td colspan="6">任务总成绩：</td></tr>
<tr><td>自我
评价</td><td>（20%）</td><td>小组
评价</td><td>（20%）</td><td>教师
评价</td><td>（60%）</td></tr>
<tr><td colspan="6">存在的主要问题</td></tr>
<tr><td colspan="6"></td></tr>
</table>

任务二　新媒体舆情分析

任务前导

新媒体舆情分析，是针对企业或品牌（产品）在各种网络上的新媒体言论、报道等信息进行采集、归类、整合和管理，并形成新媒体舆情分析报告的过程。在进行新媒体舆情分析及报告撰写之前，需要首先明确新媒体舆情分析的策略与方法，用于指导舆情报告的撰写。

任务实施

新媒体舆情分析可以从三个方面展开操作：新媒体舆情分析策略、新媒体舆情分析方法及新媒体舆情报告撰写。

一、新媒体舆情分析策略

该部分的学习，需要通过阅读和学习以下文段明确新媒体舆情的分析策略，并将学习感想填写在该知识点末尾的表格中。

步骤1：不同需求采用不同的分析架构。一般来说，舆情分析需求分为舆论宣传效果评估分析、新媒体舆情传播分析。

该项目要讲的内容是新媒体舆情传播分析，如就案例中的三花酒进行舆情分析，则需要侧重于对其新媒体传播情况、舆情热度情况、媒体好感度情况、用户显著情绪情况等要素进行分析。学生无论是收集舆情数据，还是撰写舆情报告，都需要将这几方面囊括在内。

步骤2：抓取舆情分析的基本要素。舆情分析的对象千差万别，但在进行舆情分析时，需要包含的基本要素有三点：数据（数据支撑）、图表（图表支撑）、总结（分析研判）。这三个部分都是为了更准确地分析新媒体舆情。在进行新媒体舆情分析报告撰写时，三个基本要素缺一不可。

步骤3：进行分析研判与总结。舆情分析研判是对舆情事件或舆情产品从开始形成到发酵再到平息整个过程的研判与总结，包括对热度、媒体、用户等方面的总结与分析。舆情研判与总结是整个舆情分析与舆情分析报告的提炼与升华。

二、新媒体舆情分析方法

此处要求学生通过阅读以下内容，了解新媒体舆情分析的方法，便于撰写新媒体舆情报告。

步骤1：信息采集。首先通过网络上的信息收集渠道，如新浪微舆情，采集与分析对象（企业、品牌、产品）相关的信息。在采集信息时，可以采用搜索关键词的方法，如对象是案例中的三花酒，则可以搜索关键词“三花酒”“广西三花酒”等。

步骤2：信息（数据）整理。在信息采集完成后，可以将其整理为分析报告的形式，对各类情形进行归类整理，如舆情概述、舆情热度概况、媒体好感度、用户显著情绪等。

步骤3：分析总结。需要及时对网络出现的负面信息进行深入分析，比对核实相关情况，评估负面信息的性质、影响及发展趋势。

三、新媒体舆情报告撰写

在进行新媒体舆情报告撰写时，学生需要分以下几个步骤展开操作。

步骤1：制作舆情报告封面。舆情报告封面是舆情报告给人的第一印象，内容一般包括题目、企业/网店名/产品名称以及Logo标识。学生利用PPT或Word软件自行制作舆情报告封面。图8-1是以三花酒为例制作的舆情报告封面。

步骤2：撰写舆情概述。应以单独舆情事件为主，简单交代事件背景、描述舆情发展动态、提出相应建议等。在Word中进行舆情概述的描写，格式如图8-2所示。

图 8－1　“舆情分析报告”封面样例

“三花酒”舆情分析报告

一、舆情概述

（此处简单交代事件背景、描述舆情发展动态、提出相应建议等）

1.事件背景

2.舆情发展动态

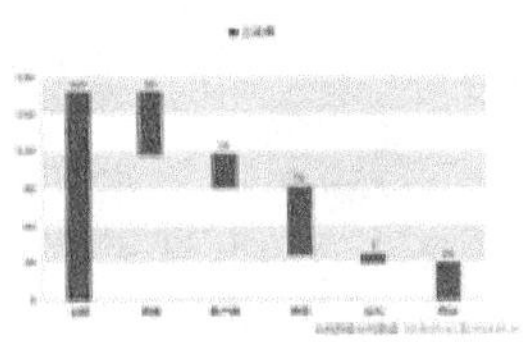

图 X

3.建议

图 8－2　“舆情概述”格式样例

步骤 3：归纳舆情热度概况。在 Word 中进行舆情发展动态的描写时，要侧重三个方面的内容：产品/品牌某一时间段的热度情况、媒体来源及活跃媒体，如图 8 –3 所示。

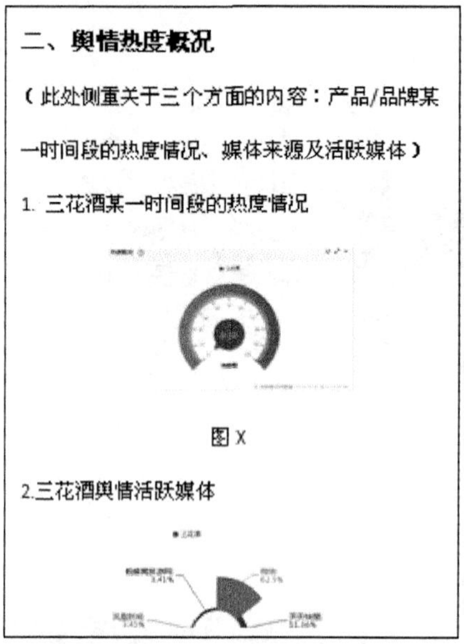
二、舆情热度概况

（此处侧重关于三个方面的内容：产品/品牌某一时间段的热度情况、媒体来源及活跃媒体）

1. 三花酒某一时间段的热度情况

图 X

2.三花酒舆情活跃媒体

图 8 –3　“舆情热度概况”格式样例

步骤 4：归纳媒体好感度。归纳时应侧重三个方面的描述：媒体友好度、媒体友好度来源及媒体不友好度来源，如图 8 –4 所示。

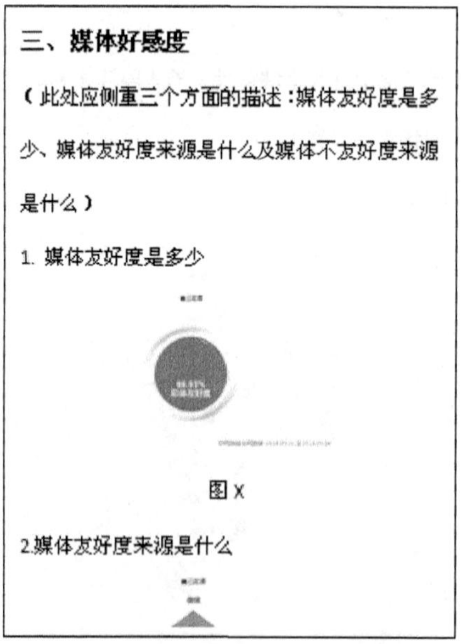
三、媒体好感度

（此处应侧重三个方面的描述：媒体友好度是多少、媒体友好度来源是什么及媒体不友好度来源是什么）

1. 媒体友好度是多少

图 X

2.媒体友好度来源是什么

图 8 –4　“媒体好感度”格式样例

步骤 5：归纳用户显著情绪。应分别明确中性、正面、负面的用户情绪各自占比是多少，如图 8－5 所示。

四、用户显著情绪

（此处应分别明确中性、正面、负面的用户情绪各自占比是多少）

用户显著情绪（用户情绪地图）

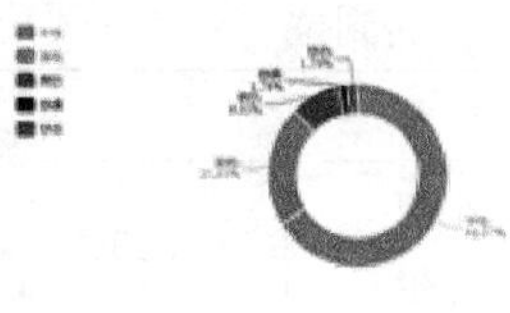

图 X

五、舆情总结

（内容需要包含舆情对企业或品牌（网店）的影响、如何进行舆情应对等内容）

图 8－5 “用户显著情绪”格式样例

步骤 6：进行舆情总结。内容需要包含舆情对企业或品牌（网店）的影响、如何进行舆情应对等内容。

任务总结

本小节主要讲解新媒体舆情分析的内容，要求重点掌握新媒体舆情报告的撰写方法。在撰写新媒体舆情报告之前，明确新媒体舆情分析的策略与分析方法。

任务评价

任务评价表

任务完成方式	□小组协作完成 □个人独立完成

评价点	分值
是否明确新媒体营销策略	10
是否明确新媒体营销方法	10
能否完成新媒体舆情报告封面的制作	10

续 表

任务评价表					
评价点				分值	
能否完成舆情概述的撰写				20	
能否完成舆情热度概况的归纳				10	
能否完成媒体好感度的归纳				10	
能否完成用户显著情绪的归纳				10	
舆情总结是否到位				20	
任务总成绩：					
自我评价	（20%）	小组评价	（20%）	教师评价	（60%）
存在的主要问题					

延伸练习

背景：

贵港市东方传奇食品科技有限公司创立于2014年，主营产品为“自然之诺——自然活酒”品牌。该品牌历时23年的研究，在“自然之诺”品牌微生物原浆活饮的基础上取得了突破性进展，创立了“微生物樊氏法”。请根据本节所学知识，完成“自然之诺——自然活酒”的新媒体舆情分析。

步骤分解：

（1）确定“自然之诺——自然活酒”的新媒体舆情分析策略。

（2）采集“自然之诺——自然活酒”的舆情数据。

（3）分析总结“自然之诺——自然活酒”的舆情情况。

（4）根据分析结果撰写“自然之诺——自然活酒”的舆情报告。

任务三　新媒体舆情监控与管理

任务前导

新媒体舆情监控与管理是新媒体舆情管理的重中之重，做好舆情的监控与管理，能随时关注到企业或品牌（产品）的舆情走势，便于及时采取应对措施，引导舆情走向利于企业发展的方向。

任务实施

一、新媒体舆情监控

以三花酒为例，舆情监控可以通过以下步骤实现。

步骤1：设置关键词组合。设置关键词是舆情监控的重要环节。因为后期需要根据这些关键词进行重点监控，在筛选关键词后，会获得与关键词相关的内容。如三花酒的关键词，可以选择“广西三花酒”“桂林三花酒”“酒”“三花酒”等。

步骤2：登录“新浪微热点”（http：//www. wrd. cn）进行内容抓取，如图8－6所示。

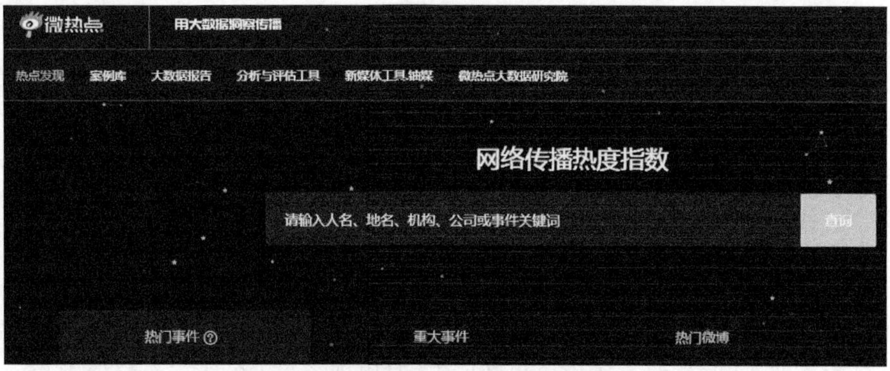

图8－6　新浪微热点首页轮播图

登录“新浪微热点”平台进行内容抓取，主要步骤：在输入栏输入关键词；监控热度概况；监控全网热度指数趋势；查看全网关键词云。

①在输入栏输入关键词，这里以关键词“三花酒”为例，输入后点击“查询”，如图8－7所示。

图8－7　输入关键词并点击“查询”

②监控热度概况，如图8－8所示。热度概况是某一时间段关键词的热度情况。图8－8设置的时间是3天。

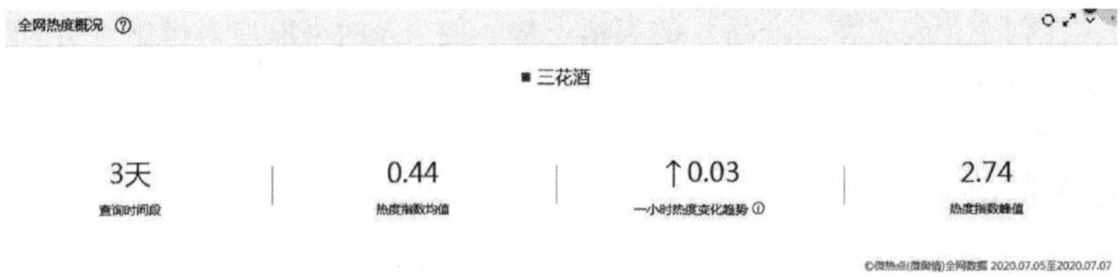

图 8－8　三花酒热度概况

③监控全网热度指数。监控完热度概况之后，查询三花酒在全网的热度指数变化趋势，在关键词搜索页就可以看到，如图 8－9 所示，显示 3 天内三花酒在全网的热度指数变化趋势。

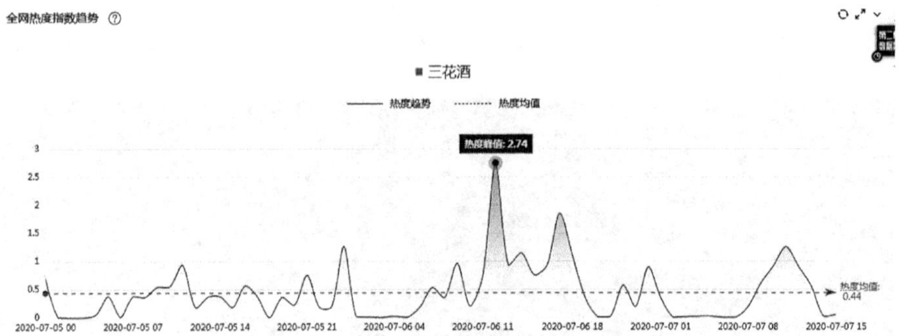

图 8－9　三花酒热度指数趋势界面截图

通过全网热度指数趋势可以看出，三花酒的全网热度均值保持在 0.44，并且在 2020 年 7 月 6 日 12 时达到了 2.74 的峰值，17 时出现了当天的第二个峰值 1.85。

④查看全网关键词云。在全网热度指数趋势下方是全网关键词云，如图 8－10 所示，微热点利用自然语义分析法，对全网事件、人物、品牌、地域中所提及与三花酒相关的关键词进行分词聚合，呈现出被提及次数最多的关键词，字号越大的词组，被提及的次数也就越多。

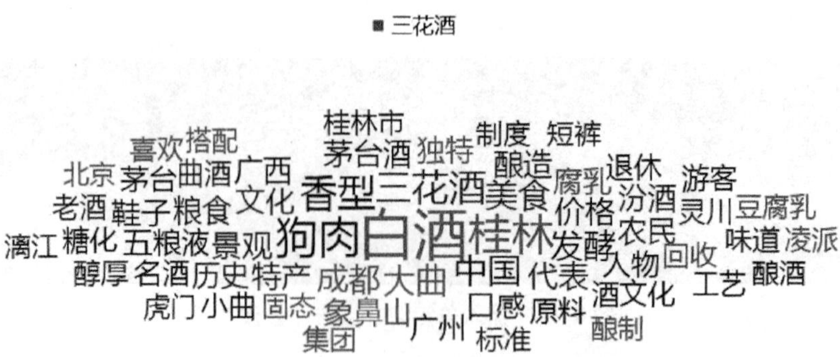

图 8－10　三花酒关键词云界面截图

步骤3：对抓取到的舆情情况进行整理。接下来，学生还需要分别对其他关键词进行监控，如三花酒对应的“桂林三花酒”“广西三花酒”等，并将监控结果进行整理和归纳，完成下表的填写。

新媒体舆情监控	
关键词“三花酒”监控结果	
关键词“桂林三花酒”监控结果	
关键词“广西三花酒”监控结果	
……	

至此，完成了新媒体舆情的监控。当舆情反常时，需要及时应对，在最短的时间内有效解决舆情问题。

二、新媒体舆情管理

互联网赋予了大众参与社会管理、发挥舆论监督的权利，这在一定程度上促使网络舆情快速发展。同时，一些虚假、有害的信息和错误的观点也充斥其中，这也极大地扰乱了网络舆论功能的正常发挥。如果任其无序发展，不但会破坏网络和谐，也会对个体正当利益造成损害，在新媒体时代更是如此。因此，新媒体舆情管理成为企业的日常需要。

企业或个人在做新媒体舆情管理时，需要着手以下两个方面的操作。

①建立及时、全面、准确的新媒体舆情报告制度，将网上所反映的与企业相关的热点事件、社会问题、网民情绪等快速报给企业领导。

②根据企业领导批示的意见进行新媒体舆情处理。在处理舆情时，要反映及时，并且向公众树立信息透明、处置公平的形象。

任务总结

本小节主要讲解新媒体舆情的监控与管理，学习重点是新媒体舆情监控。学生在具体操作时，要详细查看产品舆情的各个方面并形成书面报告，以便更好地掌握舆情来源，用于后续舆情处理。

任务评价

任务评价表	
任务完成方式	□小组协作完成 □个人独立完成

续 表

<table>
<tr><td colspan="6">任务评价表</td></tr>
<tr><td colspan="5">评价点</td><td>分值</td></tr>
<tr><td colspan="5">关键词设置是否准确（至少设置3个关键词）</td><td>20</td></tr>
<tr><td colspan="5">热度概况监控是否完成</td><td>20</td></tr>
<tr><td colspan="5">全网热度指数监控是否完成</td><td>20</td></tr>
<tr><td colspan="5">全网关键词云查看是否完成</td><td>20</td></tr>
<tr><td colspan="5">对抓取到的舆情整理是否到位（包含学生罗列的所有关键词）</td><td>20</td></tr>
<tr><td colspan="6">任务总成绩：</td></tr>
<tr><td>自我
评价</td><td>（20%）</td><td>小组
评价</td><td>（20%）</td><td>教师
评价</td><td>（60%）</td></tr>
<tr><td colspan="6">存在的主要问题</td></tr>
<tr><td colspan="6"></td></tr>
</table>

延伸练习

背景：

广西六堡茶是广西十珍品牌之一，近年来虽然深受用户喜爱，但是从未进行过舆情分析，学生根据本节所学知识，监督广西六堡茶的舆情，对其进行管理。

步骤分解：

（1）学生设置广西六堡茶舆情监控的关键词。

（2）学生进入“新浪微热点”，用关键词抓取广西六堡茶的舆情数据。

（3）学生整理抓取到的广西六堡茶的舆情情况。

（4）学生建立广西六堡茶的新媒体舆情报告制度。

参考文献

［1］杜一凡．新媒体营销完全攻略［M］．北京：人民邮电出版社，2017.

［2］周鑫．人性传播 + 新媒体营销，让你的产品迅速卖脱销［M］．北京：电子工业出版社，2016.

［3］龚铂洋．引爆新媒体营销［M］．北京：电子工业出版社，2016.

［4］刘琛．中国式内容营销：新媒体时代的新营销思维［M］．北京：电子工业出版社，2018.

［5］彭雷清．内容营销——新媒体时代如何提升用户转化率［M］．北京：中国经济出版社，2018.